Gerrilyn Smith
Dee Cox
Jacqui Saradjian

Selbstverletzung

Gerrilyn Smith
Dee Cox
Jacqui Saradjian

Selbstverletzung –

»Damit ich den inneren Schmerz nicht spüre«

Ein Ratgeber für betroffene Frauen und ihre Angehörigen

Aus dem Englischen von Katja Glaeske

Kreuz

Für meine Mutter Barbara, die mir beigebracht hat, mich selbst zu mögen, und für Annemarie, die so hart darum kämpft.

Gerrilyn

Für Steve, für seine Geduld.

Dee

Für Lindsey, um deinem Leiden Ausdruck zu verleihen.

Jacqui

Inhaltsverzeichnis

Vorwort

Dieses Buch hätte schon vor langer Zeit geschrieben werden müssen. Selbstverletzung, also die vorsätzliche Verletzung des eigenen Körpers, ist nichts Neues. Zu allen Zeiten und quer durch alle Kulturen haben Menschen sich selbst verletzt, meistens heimlich und voller Scham. Aber erst neuerdings hat man erkannt, dass Selbstverletzung ein ernstes Problem darstellt, unter dem viele Menschen ihr Leben lang leiden. Weil das Thema nach wie vor totgeschwiegen wird, sind viele Betroffene verzweifelt und fühlen sich isoliert. Wir hoffen, mit diesem Buch die Geheimnistuerei ein wenig zu überwinden und die Isolation der Betroffenen damit zu verringern.

Jede von uns drei Autorinnen hat sowohl im privaten als auch im beruflichen Bereich Erfahrungen mit Selbstverletzung. Dee hat sich jahrelang selbst verletzt, um auf diese Weise mit schwierigen und belastenden Gefühlen fertig zu werden. Außerdem hat sie ein Selbsthilfe-Notruftelefon für Menschen mit ähnlichen Problemen organisiert. Jacqui und Gerrilyn arbeiten als Klinische Psychologinnen und beschäftigen sich unter anderem mit Frauen, die sich selbst verletzen. Jacqui und Gerrilyn haben beide Pflegetöchter aufgezogen, die sich selbst verletzten. Das führte zu unzähligen Fahrten zur Notaufnahme, mehreren Krankenhausaufenthalten, der Verschreibung von bewusstseinsverändernden Medikamenten und verschiedenen Therapien. Diese jungen Mädchen haben enorm viel Hilfe bekommen (wobei es in all den Jahren sowohl gute als auch weniger gute Hilfsangebote gab), von denen sie das meiste widerspruchslos annahmen, weil sie ihr Leiden unbedingt beenden wollten. Für Jacqui und Gerrilyn als Pflegemütter und Hauptbezugspersonen gab es keinerlei Hilfe. Beide haben sehr darunter gelitten, mit ansehen zu müssen, wie geliebte Menschen sich immer wieder selbst verletzten. Manchmal sah es so aus, als ob diese vor ihren Augen langsam sterben würden.

Die Idee zu diesem Buch ergab sich aus dem Kummer und der Verzweiflung, die wir alle drei durch selbstverletzendes Verhalten miterlebt beziehungsweise selbst erfahren haben. Unsere Zusammenarbeit begann, als Dee den Bedarf für ein Selbsthilfebuch erkannte und beschloss, sich an den Verlag Women's Press zu wenden. Diese Wahl spiegelt die Tatsache wider, dass Selbstverletzung hauptsächlich ein weibliches Phänomen ist, was nicht heißen soll, dass nicht auch Männer betroffen wären. Selbstverletzendes Verhalten hängt meistens mit frühen traumatischen Erlebnissen zusammen, auf die nicht angemessen reagiert wurde. Damals wurde mit dem Trauma und den damit verbundenen Gefühlen nicht richtig umgegangen, und aus diesem Grund haben die Betroffenen ein hohes Maß an restlicher Wut und Schmerz zurückbehalten. Diese Gefühle müssen ausgedrückt und angegangen werden, obwohl das manchmal wie eine unlösbare Aufgabe aussieht. Selbstverletzung ist in erster Linie der Versuch, mit solchen Gefühlen umzugehen, wenn es zu kompliziert wird, sie einzugestehen und zu bewältigen.

In unserer Kultur werden Frauen meistens dazu erzogen, auf die Gefühle anderer Menschen Rücksicht zu nehmen und dabei die eigenen Gefühle zu vernachlässigen. Männern hingegen wird beigebracht, mit ihren Gefühlen auf Kosten anderer umzugehen. Vor allem Wut gilt als »unweiblich«, wobei gerade Wut eine der stärksten emotionalen Reaktionen auf ein Trauma ist. Wut kann eine durchaus sinnvolle Reaktion auf unerträgliche Ereignisse darstellen. Für uns alle ist es eine wichtige Aufgabe während unserer Entwicklung, mit Wutgefühlen umgehen zu lernen. Bei kleinen Jungen wird Wut stillschweigend geduldet. Normalerweise werden sie dazu ermutigt, ihre Wut auszudrücken und sogar aggressiv zu sein und zurückzuschlagen. Häufig wird ihnen beigebracht, ihre Wut durch Kräftemessen und »harte« sportliche Aktivitäten zu kanalisieren. Vielleicht haben sich die Zeiten geändert, und Mädchen bekommen heutzutage die gleiche Botschaft auf ihren Lebensweg. Aber viele von uns sind aufgewachsen, bevor der gesellschaftliche Einfluss der Frauenbewegung Eltern dazu ermutigte, Kinder alle Facetten ihres Wesens entwickeln zu lassen. Frauen war es (und ist es möglicherweise immer noch) streng verboten, intensive Gefühle auszudrücken. Stattdessen hat man uns beigebracht, dass Frauen andere Menschen beschützen und für sie sorgen sollen. Selbstverletzung kann von einem bestimmten verzerrten Blickwinkel aus moralisch höher bewertet werden, als andere Menschen zu verletzen – egal, wie verletzend diese anderen Personen sich verhalten haben. Wir schützen andere vor dem vollen Ausmaß unserer Wut, indem wir unsere Wut herunterschlucken und gegen uns selbst richten. Uns Autorinnen kommt es so vor, als ob dieser Punkt das Verhältnis zwischen den Geschlechtern bestimmen würde.

Unser Buch richtet sich hauptsächlich an Frauen, die sich selbst verletzen. Wir haben uns bemüht, das Buch so zu schreiben, dass die Stimmen dieser Frauen wirklich gehört werden, und zwar jenseits von psychiatrischem Schubladendenken und der Feindseligkeit, die ihnen häufig begegnet. Es ist wie ein schlechter Witz, dass solche Reaktionen oft gerade von denjenigen kommen, deren Aufgabe das Helfen ist. Leider kommen solche Reaktionen manchmal auch von der Familie oder von Freunden, also von den Menschen, von denen man Zuneigung erwartet. Die betroffenen Frauen werden dadurch seelisch verletzt, was nicht unbedingt beabsichtigt ist. Dahinter steckt meistens Unwissenheit, Angst und Sorge. Deshalb ist dieses Buch auch für Menschen geschrieben, die entweder beruflich oder privat mit betroffenen Frauen zu tun haben, damit diese Unwissenheit, die Ängste und Sorgen teilweise abgebaut werden können. Wir hoffen, dadurch ein kooperatives Herangehen an den Heilungsprozess zu fördern.

In den ersten Kapiteln finden Sie eine Auseinandersetzung mit unseren persönlichen und beruflichen Erfahrungen mit dem Thema Selbstverletzung und den gängigen Theorien zu selbstverletzendem Verhalten. Danach geben wir einen Überblick über die verschiedenen Hilfsangebote sowie die psychiatrischen und psychologischen Behandlungsmöglichkeiten. Wir schildern sowohl die guten als auch die schlechten Erfahrungen, die betroffene Frauen damit gemacht haben. Damit möchten wir einen Überblick über die bestehenden Möglichkeiten geben, so dass Sie eine sinnvolle Entscheidung treffen können. Außerdem beschreiben wir, was Selbstverletzung für Außenstehende bedeutet. Wir schließen mit einigen Vorschlägen von Betroffenen, wie man das Verhaltensmuster der Selbstverletzung durchbrechen kann. Im Anhang finden Sie eine Leseliste und nützliche Adressen, wenn Sie an weiterführenden Informationen interessiert sind.

Die in unserem Buch versammelten Aussagen von betroffenen Frauen zitieren wir mit deren Erlaubnis. Viele dieser persönlichen Aussagen bekam Dee immer dann zugeschickt, wenn in der Öffentlichkeit etwas über ihre Arbeit beim Notruftelefon berichtet wurde. Jedes Mal kamen Briefe: weil Dee den Mut hatte, mit ihrer eigenen Erfahrung zum Thema Selbstverletzung an die Öffentlichkeit zu gehen, ermöglichte sie es auch anderen Betroffenen, zu schreiben und ihr Geheimnis einzugestehen. In den Aussagen dieser Frauen werden viele Themen angesprochen; es geht um Gedanken, Gefühle und Handlungen, die unter Schmerzen und im Verborgenen erlebt wurden. Wir hoffen, dass unsere Leserinnen daraus Kraft schöpfen können, und zwar gleichermaßen aus der Vergleichbarkeit der Erfahrungen wie auch aus deren Unterschiedlichkeit.

Selbstverletzendes Verhalten ergibt einen Sinn, wenn man es im Gesamtzusammenhang eines weiblichen Lebens betrachtet. Dies soll natürlich nicht bedeuten, dass wir Frauen zur Selbstverletzung ermuntern wollen. Es soll auch nicht heißen, dass wir die schweren Auswirkungen von Selbstverletzung ignorieren. Wir wissen um die verheerenden Folgen von selbstverletzendem Verhalten, wenn es nicht behandelt wird. Aber wir glauben, dass ein Ausweg leichter zu finden ist, wenn Betroffene und Angehörige möglichst viel über das Thema wissen und möglichst viel davon verstehen. Deshalb hoffen wir, dass dieses Buch allen unseren Lesern und Leserinnen ein besseres Verständnis von Selbstverletzung ermöglicht und ihnen einen Weg weg von dem inneren Schmerz und hin zu einer Lösung zeigt.

Kapitel 1

Selbstverletzung: Was ist das?

In unserer Kultur ist die Unzufriedenheit mit sich selbst unter Frauen sehr weit verbreitet – Unzufriedenheit mit dem Aussehen, dem Charakter, den Gefühlen etc. Auch wenn wir nach außen hin diese kulturell geprägten Normen ablehnen, so haben doch viele von uns immer noch verinnerlicht, nicht gut genug zu sein, den Anforderungen nicht völlig zu genügen. Besonders Frauen werden dazu angehalten, auf ihr Äußeres und ihre Figur zu achten. Daher rührt der Erfolg von Diäten, fettarmen Lebensmitteln, Mittelchen zum Abnehmen und Schönheitsoperationen. Wegen all dieser negativen Botschaften um uns herum überrascht es nicht, dass viele Frauen auf allerlei Wegen versuchen, ihren Körper zu verändern oder ihm sogar Schaden zufügen. Es gibt dafür gesellschaftlich akzeptierte und sogar erwünschte Mittel und Wege wie das Auszupfen von Härchen, Schönheitsoperationen, Piercing und das Bräunen der Haut. Daneben gibt es gesellschaftlich tolerierte Praktiken wie Rauchen, häufiger übermäßiger Alkoholgenuss und gefährliche Sportarten. Darüber hinaus gibt es selbstzerstörerische Praktiken wie etwa Essstörungen, Alkohol- und Drogenmissbrauch, sexuelles Risikoverhalten und medizinisch nicht notwendige Operationen.[1]

Obwohl alle hier aufgeführten Praktiken dem Körper in der einen oder anderen Form Schaden zufügen, kann man sie doch mit der vorsätzlichen Selbstverletzung nicht vergleichen, denn eine Verletzung ist eigentlich nicht beabsichtigt und eine Schädigung des Körpers tritt nicht sofort auf. Die wenigsten von uns würden wohl das Auszupfen von Härchen oder Piercing überhaupt für Selbstverletzung halten. Andere Verhaltensweisen, wie zum Beispiel das Rauchen, schädigen den Körper zwar, aber erst auf lange Sicht, und dahinter steckt nicht die Absicht, sich selbst zu verletzen.

Dieses Buch wurde hauptsächlich für jene Frauen geschrieben, die mittels verschiedener Methoden eine direktere und unmittelbarere Verletzung ihres Körpers vornehmen und dies auch beabsichtigen. Wenn wir den Begriff »Selbstverletzung« verwenden, beziehen wir uns damit ausdrücklich auf Verhaltensweisen, die zu unmittelbarer und eindeutiger Verletzung führen. In der Fachsprache existieren viele Begriffe dafür, wie z. B. Selbstverstümmelung, selbstdestruktives Verhalten, Selbstbeschädigung, Para-Suizid oder parasuizidale Handlung und symbolische Verletzung. Wir haben uns für den Begriff Selbstverletzung entschieden, weil wir ihn für treffender und weniger wertend halten als viele andere der verwendeten Begriffe.

Was ist nun eigentlich selbstverletzendes Verhalten? Frauen, die dies praktizieren, nannten sehr viele Möglichkeiten, sich selbst zu verletzen, darunter

- Schneiden
- Stechen
- Kratzen der Haut
- Aufkratzen der obersten Hautschichten, so dass eine offene Stelle entsteht
- Einführen von spitzen Gegenständen unter die Haut oder in Körperöffnungen
- Kauen und Nagen am eigenen Fleisch
- Aufbeißen der Mundschleimhaut und regelmäßiges Öffnen der verheilenden Wunden
- Abzupfen von Wundschorf
- Verbrennen der Haut
- Verätzen der Haut mit Chemikalien
- Ausreißen der Körperbehaarung, auch der Wimpern und Augenbrauen
- heftiges Schlagen bis hin zu Blutergüssen und Knochenbrüchen
- Schlagen des Kopfes gegen harte Oberflächen

- Abschnüren einzelner Körperteile, um die Durchblutung zu behindern
- Einnahme geringer Mengen giftiger Substanzen oder Verschlucken von Gegenständen, um Unwohlsein und Schädigung zu bewirken, allerdings nicht in Selbsttötungsabsicht

Natürlich können viele der genannten Methoden sichtbare Verletzungen hervorrufen, aber weil diese Frauen so starke Schuld- und Schamgefühle verinnerlicht haben und/oder bisher wenig Verständnis erfahren haben, verstecken sie ihre Schnittverletzungen, Blutergüsse und Narben für gewöhnlich. Wenn jemand dennoch auf die Verletzungen aufmerksam wird, werden sie häufig als Unfallfolgen hingestellt. Diese oft unglaubwürdig klingende Erklärung wird gerne akzeptiert, denn das ist einfacher, als sich mit dem Schmerz auseinander zu setzen, der sich hinter einer solchen absichtlichen Verletzung verbergen muss.

Aus dem erzwungenen Versteckspiel können schon in sehr jungen Jahren Schuld- und Schamgefühle entstehen. Als Siebenjährige wurde Dee Zeugin eines schrecklichen Unfalls, bei dem ihre beste Freundin ums Leben kam. Die Menschen, die mit Dee darüber sprechen sollten, die sie trösten und sich um sie kümmern sollten, waren aber nicht für sie da. Sie hatten beschlossen, es sei »besser«, nicht über das traumatische Ereignis zu sprechen. So blieb Dee mit unzähligen schmerzhaften Gefühlen allein, mit denen sie nicht umgehen konnte:

Meine Eltern und die Schule hielten es für das Beste, den Unfall nicht mehr zu erwähnen, aber ich dachte anders darüber. Es war so ein grauenhaftes Erlebnis und es ging mir so schlecht, dass ich anfing, mich selbst zu verletzen, um meine traurigen Gefühle zu bewältigen. Ich verletzte mich selbst, indem ich meine Knie aufscheuerte oder an Wundschorf kratzte. Dann konnte ich zur Schulkrankenschwester gehen und wurde in den Arm genommen. Ich habe auch versucht, meine Hände mit einer Schere zu verletzen.

s schien sehr wirkungsvoll, aber ich musste die Schuld uf den Hund schieben, um die Schnitte erklären zu können.

Als Dee älter wurde, fing sie an, ihre Arme zu verletzen. Sie versteckte die Narben unter langärmeligen Kleidungsstücken, wie so viele andere Frauen auch. Manche Frauen beschreiben den emotionalen Druck, der sie zur Selbstverletzung treibt, als dermaßen intensiv, dass sie »es einfach tun, ohne auf die Stelle zu achten«. Andere Frauen berichten, dass sie bewusst nur diejenigen Stellen ihres Körpers verletzen, die man leicht verstecken kann. Patricia wurde als Kind körperlich misshandelt und sexuell und emotional missbraucht. Sie fing schon früh mit selbstverletzendem Verhalten an und setzte dies bis ins Erwachsenenalter fort. Ihre Mutter war alkoholabhängig und konnte Patricia nicht die emotionale Unterstützung und Zuwendung geben, die sie brauchte. Sie erzählt:

Ich verletzte meine Haut da, wo man es nicht sehen konnte. Ich hatte das Gefühl, gegen meine Peiniger gewonnen zu haben, denn ich hatte meinen Körper zerstört, bevor sie es tun konnten. Ich begann eine Ausbildung als Krankenschwester. Ich fand die Ausbildung sehr anstrengend, und obwohl ich meine Arbeit liebte, fing ich an, mit Rasierklingen und Glasscherben Schnitte in meinen Bauch und in meine Beine zu machen. Manchmal liefen oberflächliche Schnittverletzungen kreuz und quer von der Brust bis zu den Knien, und mein Körper sah aus wie ein Stück rohes Fleisch. Ich zog meinen weißen Kittel an, und niemand ahnte etwas.

1989 wurde eine Studie veröffentlicht, für die 240 betroffene Frauen befragt worden waren.[2] Ein Aspekt der Untersuchung betraf die verletzten Körperteile. Die befragten Frauen gaben an, dass sie jeweils bestimmte Körperteile häufiger verletzten als andere. Es ergaben sich folgende Prozentzahlen:

- Arme (speziell Handgelenke) 74 %
- Beine 44 %
- Bauch 25 %
- Kopf 23 %
- Brust (es wurde nicht zwischen Brustkorb und Busen unterschieden) 18 %
- Genitalbereich 8 %

Die meisten anderen Untersuchungen zum Thema Selbstverletzung zeigen ein ähnliches Verletzungsschema.[3] Bei unseren Gesprächen mit betroffenen Frauen haben wir jedoch herausgefunden, dass ein größerer Prozentsatz von Frauen diejenigen Körperteile verletzt, die mit der weiblichen Identität verbunden sind, also Gesicht, Busen und Genitalbereich. Dieses Ergebnis mag damit zu tun haben, dass die Betroffenen solche Geheimnisse eher im Gespräch von Frau zu Frau enthüllen. Manche Frauen verletzen diese Körperteile gezielt, weil sie sexuell missbraucht wurden und die mit dieser Erfahrung verbundenen Teile ihres Körpers zu hassen gelernt haben. Es ist dies auch eine Möglichkeit, den früher dort erlebten körperlichen Schmerz auszudrücken.

Er sagte früher immer, wie hübsch meine Brüste wären. Er nannte sie kess und sagte, sie wären wie Marmor. Er sagte, meine Brustwarzen würden hart und würden zeigen, wie sehr ich ihn begehre, aber ich begehrte ihn nicht, niemals. Nun sind sie nicht mehr hübsch. Meine Brüste sind voller Narben. Manchmal habe ich mich auch in der Vagina geschnitten, denn durch ihn hatte ich ein Gefühl, als ob ich innerlich entzweigeschnitten würde. LUCY

Ich hatte einen Job als Babysitter und entdeckte in einem Schrank irgendwelche Tabletten. Ich nahm ungefähr zwölf davon, ohne zu wissen, was ich da eigentlich schluckte. Ich wollte mich einfach innerlich verletzen. Damals fing es wahrscheinlich an, obwohl der Missbrauch aufgehört hatte. Ich wurde besessen davon, mein Inneres zu zerstören, denn ER hatte es verseucht. ELLEN

Die große Mehrzahl dieser Frauen verletzt sich immer wieder. Allerdings ist es auch eher unwahrscheinlich, dass eine einmalige Selbstverletzung in einer Statistik auftaucht, solange sie nicht so gefährlich ist, dass ein Krankenhausaufenthalt notwendig wird. Die meisten Frauen benutzen verschiedene Methoden, um ihrem Körper Schaden zuzufügen. Die Wahl der Methode hängt von verschiedenen Faktoren ab, auch davon, was gerade zur Hand ist. Manche Frauen wählen immer wieder andere Praktiken, je nachdem, welche Gefühle das Bedürfnis nach Selbstverletzung ausgelöst haben. Christine hat ihre verschiedenen Methoden beschrieben:

Ich habe fast alle Möglichkeiten der Selbstverletzung ausprobiert, meistens schneide oder steche ich mich. Ich zerschmettere Flaschen und einmal habe ich eine Glasplatte zerbrochen, aber normalerweise benutze ich ein Skalpell oder Rasierklingen (sie sind alle nummeriert und werden der Reihe nach benutzt, bis sie stumpf sind). Ich verbrühe mich auch mit kochendem Wasser oder ich verbrenne oder verätze mich ... mit einem Bügeleisen oder indem ich Wattebäusche an meine Hände klebe, die ich zuvor in Chemikalien getränkt habe. Ich reiße Blasen auf und schneide Wundschorf auf. Ich haue mir blaue Flecke, indem ich mich mit allem schlage, was gerade da ist. CHRISTINE

Als ich in der Therapie immer und immer wieder darüber sprach, wurde mir klar, dass ich es immer anders mache, je nach Gefühl. Wenn alle meine Gefühle mit ihm zu tun haben, dann schneide ich mich. Wenn ich wütend bin, richtig wütend und frustriert, dann schlage ich mich, haue mir blaue Flecken. Wenn ich mich abgeschnitten fühle, leer, als ob ich zugleich tot und lebendig wäre, dann verbrenne ich mich. Es ist dann so, als ob ich nicht die Kraft hätte, mich auf eine aktivere Weise zu verletzen. LUCY

Praktisch alle betroffenen Frauen verletzen sich nur, wenn sie allein sind. Manche Frauen tun dies, weil sie glauben, dass ihr

Verhalten sie »vom Rest der Menschheit trennt, und sie wollen, dass möglichst niemand von einem so beschämenden Tun erfährt«[4]. Dieses Schamgefühl entsteht häufig dadurch, dass andere Menschen die Betroffenen zu schnell verurteilen, anstatt sich um Verständnis zu bemühen. Andere Frauen verletzen sich allein, weil sie es für eine sehr private Angelegenheit halten, für ein Bedürfnis, von dem nur sie selbst wissen und mit dem nur sie umgehen können. Wie so viele Frauen werden sie mit ihren Gefühlen im stillen Kämmerlein fertig, und zwar auf die einzige ihnen bekannte Art und Weise. Dabei entwickeln sie einen harten äußeren Panzer und versenken den Schmerz, die Wut und die Verletztheit tief in ihrem Inneren. Patricia hat diese Diskrepanz zwischen ihrer inneren Wirklichkeit und dem fröhlichen Gesicht, das sie für ihre Umwelt aufsetzte, erfahren:

> *Ich habe einen emotionalen Panzer aufgebaut und nach außen hin wirkte ich laut und selbstbewusst, aber der Schmerz und die Wut in meinem Inneren wurden langsam immer größer. Ich fing an, mich zu verbrühen, wenn ich allein war, und das beruhigte mich.* PATRICIA

Sehr selten und normalerweise nur unter ganz bestimmten Umständen verletzen sich Frauen gemeinsam, beispielsweise junge Frauen, die in Heimen oder anderen Einrichtungen untergebracht sind. Deshalb wurde selbstverletzendes Verhalten von Fachleuten häufig als Nachahmungsphänomen beschrieben. Die Frauen in solchen Einrichtungen geben jedoch an, eine verstärkte Machtlosigkeit, Entwertung und Entrechtung zu empfinden, also alles Gefühle, die als Ursachen von Selbstverletzung bekannt sind. Deshalb überrascht es nicht, dass Frauen, die in ähnlicher Weise von der Gesellschaft isoliert sind und ähnliche Gefühle durchleben, in einem gemeinsamen Tun Trost finden. Es passiert jedoch nicht nur in solchen Einrichtungen, dass junge Frauen diesen gemeinsamen Trost suchen. Dee verletzte sich selbst, weil sie über ihre extrem schmerzhaften Gefühle nicht reden durfte. Sie fühlte sich zu einer Freundin hingezogen, die anscheinend ein ähnliches Problem hatte:

Meine neue Freundin saß auf einem Fenstersims und schnitt sich mit einer Rasierklinge in den Arm. Das faszinierte mich, und ich probierte es auch aus. Es wirkte beruhigend: Es löste meine Anspannung. Wir wurden rasch sehr enge Freundinnen und verbrachten viele Nächte damit, düstere Musik zu hören, trübsinnige Gedichte zu schreiben und uns selbst zu schneiden. Andere Schulfreundinnen machten sarkastische Bemerkungen und glaubten, wir wären lebensmüde, aber das stimmte natürlich nicht. DEE

Selbstverletzung und Selbsttötung

Selbstverletzungen werden fälschlicherweise oft für Selbstmordversuche gehalten. Zwar führt Selbstverletzung zu einer Schädigung des Körpers, aber diese ist normalerweise nicht direkt lebensbedrohlich. Selbstverletzung ist kein erfolgloser Selbstmordversuch – es geht um Verletzung, nicht um Sterben. Nur ein sehr geringer Prozentsatz der Menschen, die sich selbst verletzen, begeht später tatsächlich Selbstmord.[5] Deshalb ist Selbstverletzung an und für sich nur selten ein Hinweis auf eine Selbsttötungsabsicht. Ganz im Gegenteil sagen viele der betroffenen Frauen, dass sie sich selbst verletzen, um sich ein Weiterleben zu ermöglichen. Sie wollen die schmerzhaften Bewusstseinszustände lindern, um so andere Anforderungen des Lebens bewältigen zu können. Manchmal fühlt sich eine Frau sogar so schlecht, dass Selbstverletzung eine Möglichkeit darstellt, einen Selbstmordversuch zu vermeiden.

Eine Selbstverletzung unterbricht ein Leben nicht, wohingegen hinter einem Selbstmordversuch die Absicht steht, sich aus diesem Leben endgültig zu verabschieden, indem die Person sich aus ihrem Bewusstsein und ihrer Existenz entfernt.[6]

Allerdings kann die emotionale Belastung einer Frau

manchmal so unerträglich werden, dass die Selbstverletzung nicht ausreicht, die Spannung zu lösen, und ein Selbstmordversuch scheinbar die einzige Lösung ist.

Der seelische Schmerz quält mich fortwährend,
das Schneiden verringert den Schmerz nicht mehr, egal, wie tief ich schneide.
Ich will, dass dieser Schmerz aufhört.
Die Menschen glauben, dass die Zeit alle Wunden heilt,
aber sie stehen draußen und schauen rein.
Ich bin drinnen und spüre alles.
Ich möchte verschwinden, überhaupt nicht mehr hier sein.

TYLER

Betroffene Frauen berichten oft, dass sie sich in solchen Momenten in einem entsetzlichen Konflikt befinden: Sie wissen, dass sie mit jemandem über diese Gedanken und Gefühle reden sollten, aber ihnen fehlen sowohl die Worte als auch die emotionale Fähigkeit, über das ganze Ausmaß ihrer Verzweiflung und Belastung zu sprechen. Wenn man sich so fühlt, ist es schwer, sich an seine Mitmenschen zu wenden; man zweifelt an deren Fähigkeit zuzuhören oder das ganze Ausmaß der Belastung nachzuvollziehen. Aber gerade in solchen Situationen ist es wirklich wichtig, einen Ansprechpartner zu haben. Notrufnummern u. Ä. können in solchen Krisenmomenten eine wichtige Anlaufstelle sein.

Wer verletzt sich selbst?

Es ist kein bestimmter Frauentyp, der sich selbst verletzt; selbstverletzendes Verhalten ist auch keine Frage der Rasse. Unter den Betroffenen finden sich junge und alte, arme und reiche, dicke und dünne Frauen, Singles und solche mit festem Lebenspartner, Frauen mit guter und mit schlechter Ausbildung, beruflich erfolgreiche und arbeitslose Frauen. Man kann allerdings bestimmte Muster erkennen, denn die Faktoren, die zu dem Drang nach Selbstverletzung beitragen, ergeben sich vor allem unter bestimmten Bedingungen.

Da Selbstverletzung meistens im privaten Raum stattfindet, ist es äußerst schwierig, ein realistisches Bild davon zu bekommen, wie viele Menschen sich tatsächlich irgendwann in ihrem Leben selbst verletzen. Bei der ersten britischen Konferenz zum Thema Selbstverletzung wurde davon ausgegangen, dass in Großbritannien jährlich 100.000 Betroffene ärztliche Hilfe suchen. Diese Zahl ist natürlich zu niedrig, denn die Statistik führt nur diejenigen Fälle auf, bei denen Betroffene tatsächlich ärztliche Hilfe in Anspruch genommen haben.

Fast alle derzeit verfügbaren Informationen basieren auf Zahlenmaterial von Notaufnahmestationen. In einer Studie findet sich die Annahme, dass sich unter 600 Personen mindestens eine so schwer selbst verletzt, dass ärztliche Hilfe nötig ist.[7] Die Verfasser dieser Studie nehmen an, »dass die tatsächliche Zahl darüber liegt, da so manche vorsätzliche Selbstverletzung von Verwandten, Freunden oder den Betroffenen selbst versteckt gehalten wird, oder weil die Art der Verletzung eine Fahrt zur Notaufnahme nicht unbedingt erforderlich macht«.[8] Die gleiche Untersuchung hat herausgefunden, dass bei denjenigen Betroffenen, die in die Notaufnahme kommen, die Zahl der Vergiftungsfälle doppelt so hoch ist wie die der Verwundungen. Das ist nicht erstaunlich, denn viele Frauen haben uns erzählt, dass sie bei Verwundungen seltener zur Notaufnahme fahren als bei Vergiftungen. Eine andere Studie kann das bestätigen: sie hat herausgefunden, dass mindestens 80 % der Patienten, die wegen Selbstvergiftung behandelt wurden, sich zuvor auch selbst verletzt hatten und diese Verletzungen nicht hatten verarzten lassen.[9]

Geschlecht

Wie wir bereits festgestellt haben, führt unsere Sozialisation zu unterschiedlichen Erwartungen an Frauen und Männer.

Wenn man dies berücksichtigt, kann man leichter verstehen, warum Frauen so viel stärker zur vorsätzlichen Selbstverletzung neigen als Männer. Frauen wird ganz allgemein nicht so viel Macht zugestanden wie Männern; es gibt auch andere Erwartungen an unsere Aufgaben und unsere berufliche Position. Gewöhnlich stehen Frauen im Leben weniger Möglichkeiten offen, und man begegnet ihnen allgemein mit weniger Respekt. Für unsere Arbeit und unsere Rolle im Leben bekommen wir weniger Anerkennung, im materiellen wie im immateriellen Sinne. Wir werden dazu gebracht, uns selbst oft für weniger wichtig und unsere Meinung für weniger stichhaltig zu halten. Frauen werden dazu angehalten, Kompromisse einzugehen statt etwas in Frage zu stellen, nachzugeben statt etwas zu bewegen.

Von Bedeutung sind auch die gesellschaftlichen Vorstellungen davon, wie ein Mann zu sein hat: Das männliche Rollenprofil umfasst nicht automatisch die Erziehung von Kindern und die Fürsorge für andere. Es geht aber davon aus, dass männliche Bedürfnisse erfüllt werden sollen und müssen, und dass Männer Wut und Aggression aktiv ausdrücken sollen. Auf der anderen Seite wird von Frauen erwartet, dass sie die Bedürfnisse anderer Menschen erfüllen, oft auf Kosten ihrer eigenen Bedürfnisse. Wir sollen Situationen passiv erdulden, in denen wir uns benutzt, missbraucht und machtlos fühlen. Die absehbaren Folgen davon sind ein Gefühl der eigenen Wertlosigkeit, Wut und Frustration. Wir werden aber so selten dazu ermutigt, diese Gefühle zu äußern, dass wir sie häufig in unserem Inneren verschließen. Die Schriftstellerin und Dichterin Adrienne Rich schreibt dazu: »Die meisten Frauen haben noch nicht einmal angefangen, diese Wut anzurühren, sie treiben sie lediglich wie einen rostigen Nagel in sich hinein.«

Meine Augen brennen vor Hass und Wut,
ich starre jeden um mich herum an, ohne es zu wollen,
aber ich kann nicht aufhören – der Hass in mir ist so stark.
Ich habe Angst davor, ihn herauszulassen, Angst davor,

dass er in Gewalt umschlägt.
Ich schreie innerlich und wünsche mir doch so sehr, laut herauszuschreien,
aber ich kann so viel Wut, so viel Schmerz nicht zeigen.
Deshalb wirbeln die Schreie in meinem Kopf herum,
treiben mich in den Wahnsinn,
treiben mich zu etwas Selbstzerstörerischem. TYLER

Interessanterweise fangen manche Männer an, sich selbst zu verletzen, wenn sie aus irgendeinem Grund das Gefühl haben, ihr Leben nicht mehr selbst bestimmen zu können, wenn sie in Situationen geraten, in denen sie zu passivem Verhalten gezwungen werden. Dies ist an bestimmten Orten wie zum Beispiel Gefängnissen besonders gut zu beobachten. Da die Gesellschaft sich verändert und Männer nach und nach ihren privilegierten Status verlieren, wird sich die Zahl der betroffenen Männer wahrscheinlich weiter erhöhen.

Der dramatische Anstieg von Essstörungen bei Männern ist bereits ein sichtbares Zeichen der gesellschaftlichen Veränderungen. Magersucht bei Männern wird wissenschaftlich untersucht und ist als Krankheit anerkannt. Das Aussehen des männlichen Körpers rückt mehr und mehr in den Blickpunkt des öffentlichen Interesses, was sich an der wachsenden Anzahl von Fitnessmagazinen für Männer und Zeitschriftenartikeln rund um das Thema ablesen lässt. Auch ein gepflegtes Äußeres wird unter Männern immer wichtiger. Dadurch wächst der Druck, den veränderten Anforderungen an Aussehen und Auftreten zu entsprechen.[10]

Manche Untersuchungen zeigen, dass sich ebenso viele Männer wie Frauen selbst verletzen. Vielleicht ist dies darauf zurückzuführen, dass diesen Statistiken Zahlenmaterial aus Notaufnahmestationen zugrunde liegt und Männer eher als Frauen dazu neigen, sich aufgrund ihrer Verletzungen in ärztliche Behandlung zu begeben. Untersuchungen über Selbstmord bei Männern kommen zu ähnlichen Ergebnissen. Laut Statistik begehen mehr Männer als Frauen Selbstmord, aber diese Zahlen verschleiern die Tatsache, dass in Wirklichkeit mehr Frauen als Männer den Versuch unternehmen, sich umzubringen. Allerdings neigen Männer, die sich verletzen oder töten wollen, eher zu gewalttätigeren Methoden und erreichen deshalb mit größerer Wahrscheinlichkeit ihr Ziel.

Rasse

Es ist eine bedauerliche Tatsache, dass schwarze Frauen sehr häufig immer noch unter rassistischen Vorurteilen zu leiden haben. Rassismus und die daraus entstehenden Schikanen und Belästigungen können die Isolation und die Belastung schwarzer Frauen vergrößern. Zudem leiden sie als Frauen unter den Auswirkungen einer sexistischen Gesellschaft. Institutionalisierter Rassismus kann zu negativen Gefühlen gegenüber der eigenen schwarzen Identität führen, also zum Beispiel gegenüber der Hautfarbe, der Haarstruktur und der Gesichtsform.[11] Dadurch können diejenigen persönlichen Merkmale, die das »Schwarz-Sein« repräsentieren, zur Zielscheibe des selbstverletzenden Verhaltens werden. Die dominante weiße Kultur bewertet solche »Angriffe« häufig als positiv. Der Druck kann besonders unter jenen jungen schwarzen Frauen groß sein, die nicht in ihrer ursprünglichen Familie aufgewachsen sind, sondern bei nicht-schwarzen Pflege- oder Adoptiveltern oder in Heimen.[12]

Auf der anderen Seite gibt es aber viele Familien oder ethnische Gemeinschaften, die das Selbstbewusstsein ihrer Kinder stärken, indem sie den Stolz auf Hautfarbe und Herkunft fördern. Dies kann helfen, das Immunsystem der Kinder gegen die Auswirkungen des Rassismus zu stärken.

Die gegenwärtige Forschung zum Thema selbstverletzendes Verhalten beschränkt sich hauptsächlich auf Weiße; weiter gehende Untersuchungen stehen noch aus. Gloria Babiker und Lois Arnold haben durch eigene Studien und unter Einbeziehung anderer Arbeiten herausgefunden, dass sich in ıen eine relativ hohe Zahl von jungen asiatischen zen Frauen selbst verletzt. Wenn man bedenkt, ıtwertende Umgebung und Selbstverletzung mit- ɛrknüpft sind, so ist es nicht verwunderlich, dass Selbstv...tzung unter schwarzen und asiatischen Frauen sowie Frauen aus anderen ethnischen Minderheiten weit verbreitet ist. Babiker und Arnold weisen darauf hin, dass die Anstrengung, gleichzeitig in zwei unterschiedlichen Kulturkreisen zu leben, nämlich der ursprünglichen Kultur und der dominierenden weißen Kultur, zur Belastung dieser Frauen beiträgt. Es gibt auch konkrete Belege von Selbstverletzung als Reaktion auf rassistische Belästigungen.

Alter

Nach allen bekannten Informationen über Selbstverletzung bei Frauen sieht es ganz danach aus, als ob selbstverletzendes Verhalten typischerweise (bei 60 %) im frühen Erwachsenenalter beginnt, das heißt im Alter zwischen sechzehn und fünfundzwanzig.[13] Das mag unter anderem daran liegen, dass die Verletzungen, die sich jemand in diesem Alter zufügt, deutlicher als Selbstverletzung zu erkennen sind. Es kann aber auch die Tatsache widerspiegeln, dass viele Frauen sich in diesem Alter des gesellschaftlichen Drucks auf sie bewusster werden. Allerdings gibt es keine hundertprozentig sichere Regel, wann Selbstverletzung für gewöhnlich beginnt: Wir wissen von betroffenen Frauen, die quer durch alle Altersstufen mit selbstverletzendem Verhalten begonnen haben, die jüngste mit sechs Jahren, die älteste mit fünfundsiebzig.

Laut Statistik ist Selbstverletzung unter älteren Frauen weniger verbreitet als unter jüngeren. Ein Grund dafür mag sein, dass Frauen mit dem Älterwerden den gesellschaftlichen, persönlichen und sexuellen Anforderungen weniger ausgesetzt sind, und dass sie gelernt haben könnten, anders damit umzugehen. Zudem bemühen sich ältere Frauen seltener um Hilfe, zum Teil vielleicht deswegen, weil sie schon in der Ver-

gangenheit nur unzureichende und manchmal sogar er
gende Hilfsangebote erfahren haben.

Nur den wenigsten Menschen ist bewusst, dass auch kleine Kinder sich selbst verletzen können. Dabei berichten viele betroffene Erwachsene davon, schon früh mit selbstverletzendem Verhalten begonnen zu haben. Wir wissen aus Gesprächen mit erwachsenen Frauen, dass ihr selbstverletzendes Verhalten in relativ jungem Alter nicht als solches erkannt wurde, manchmal sogar von ihnen selbst nicht. Je nach Altersstufe verletzten sie sich auf unterschiedliche Weise, wobei eine Methode von der nächsten abgelöst wurde. Das ist nicht ungewöhnlich; so schlagen zehn bis fünfzehn Prozent aller Kinder regelmäßig den Kopf gegen die Wand oder gegen andere harte Oberflächen. Dieser Prozentsatz sinkt mit zunehmendem Alter, aber möglicherweise gehen die Kinder nur zu anderen Methoden über, die unauffälliger sind.

Meine ältere Schwester erinnert sich noch gut an die Wutanfälle, die ich als Kleinkind hatte. Sie waren so schlimm, dass meine Mutter kurz vor der Einschulung mit mir zum Hausarzt ging. Ich schrie und schlug meinen Kopf immer und immer wieder auf den Fußboden. Mehrmals hatte ich offene Kopfwunden. Ich hatte immer Wunden und blaue Flecke und ich fummelte immer an den Wunden herum. Ich zupfte am Wundschorf, bis es blutete. Ich weiß nicht mehr genau, wann das war, aber einmal gab es keinen Wundschorf zum Rumzupfen, und ich biss in meine Fingerknöchel, bis das Blut floss. Über Jahre hinweg zupfte ich an meinen Narben. Ich kann mich nicht daran erinnern, jemals ohne Narben gewesen zu sein. Ständig fiel ich hin und verletzte mich, aber die Wunden konnten nicht verheilen, weil ich an ihnen herummachte. Als ich fast acht Jahre alt war, »stolperte« ich über eine Klippe. Ich wusste genau, was ich da tat: Ich ging bis zum Rand, und dann gab es keinen festen Boden mehr und ich fiel. Kurz darauf schluckte ich meine erste Überdosis. DEBBIE

Eine Untersuchung aus dem Raum Oxford kommt zu dem Ergebnis, dass Frauen schon in einem sehr frühen Alter anfangen können, sich selbst zu verletzen. 5,3 Prozent aller Patienten einer großen Klinik, die wegen selbstverletzenden Verhaltens eingewiesen wurden, waren jünger als sechzehn, und mehr als ein Fünftel dieser Patienten hatte sich bereits zu einem früheren Zeitpunkt selbst verletzt.[14]

Behinderungen

Viele Menschen, die an Lernschwäche und anderen Behinderungen leiden, verletzen sich selbst, wobei viele von ihnen uns weder ihre Gefühle noch die Ursachen ihrer Qual in Worten verständlich machen können. Trotzdem kann normalerweise sogar eine Frau, die aufgrund ihrer Behinderung nicht sprechen kann, auf anderen Wegen mit Menschen kommunizieren, wenn diese sich tatsächlich darum bemühen.

Selbstverletzendes Verhalten tritt häufig in Heimen und anderen Einrichtungen auf. In der Fachliteratur gibt es dafür unterschiedliche Erklärungen, die jedoch meistens darauf hinauslaufen, dass die betroffenen Personen sich selbst stimulieren wollen oder die Aufmerksamkeit des Pflegepersonals auf sich ziehen wollen. In den letzten Jahren hat man allerdings erkannt, wie sehr Menschen in diesen Einrichtungen unter seelischen Entbehrungen und Vernachlässigung zu leiden haben und welch hoher Prozentsatz von ihnen misshandelt und sexuell missbraucht worden ist. Zudem werden auch diejenigen Behinderten, die nicht in Betreuungseinrichtungen leben, sehr oft aus der Gesellschaft ausgeschlossen. Sie bekommen häufig das Gefühl vermittelt, fehlerhaft und irgendwie nicht menschlich zu sein. Behinderte werden behandelt, als ob sie nur wenige oder gar keine »normalen Gefühle« hätten. Daher fühlen sie sich zurückgewiesen, entfremdet, mundtot gemacht und ausgeschlossen. Die gleichen Gefühle werden auch von anderen, nicht-behinderten Frauen genannt, die sich selbst verletzen.

In diesem Zusammenhang möchen wir darauf hi
dass sich zwar viele Behinderte aufgrund seelischer B
selbst verletzen, dass sie aber auch ein leichtes Opfer für körperliche Misshandlungen sind. Der Täter kann die sichtbaren Folgen der Misshandlung dann leicht auf selbstverletzendes Verhalten schieben, und diese Erklärung wird nur allzu oft ohne Rückfragen akzeptiert.

Ein unverarbeitetes Trauma

Wir wir bereits geschildert haben, haben die Verhältnisse, unter denen wir Frauen leben, einen starken Einfluss darauf, wie wir uns fühlen. Bei Frauen, die sich selbst verletzen, fallen allerdings eher die Unterschiede als die Ähnlichkeiten auf. Dennoch gibt es eine Übereinstimmung im Leben aller betroffenen Frauen. Im Gespräch über sich und ihre Erfahrungen schildern sie, dass sie in ihrer Kindheit ein Trauma erlitten haben: körperliche Misshandlung, sexueller Missbrauch, schlimmer seelischer Missbrauch, häufige Operationen und/oder invasivmedizinische Eingriffe und andere Traumata wie zum Beispiel das Miterleben von Gewaltszenen.[15] Vielen Fachleuten ist dieser Zusammenhang nach wie vor unklar.

Wenn eine Patientin sich selbst verletzt, können wir mit Sicherheit davon ausgehen, dass diese Frau in ihrer Kindheit erheblich verletzt worden ist. Wir wissen nur nicht, wie.[16]

Nicht jeder Mensch, der als Kind ein Trauma erlitten hat, reagiert darauf mit Selbstverletzung. Ausschlaggebend ist offenbar, ob die emotionale Fürsorge nach dem Trauma ausreichend ist oder nicht. In der Kindheit haben wir alle – in unterschiedlichem Ausmaß – von unseren Bezugspersonen gelernt, mit unseren Gefühlen umzugehen. Ein Kind lernt, emotionale Erregung zu erkennen und damit umzugehen, indem Eltern oder andere Bezugspersonen, die auf den Gemütszustand des Kindes aufmerksam werden, sich um das

Kind kümmern und das Gefühl des Kindes genau widerspiegeln und in Worten ausdrücken. Das Gefühl wird so scheinbar für eine kurze Zeit von Kind und Erwachsenem geteilt. Wenn die Bezugsperson sich beruhigt, beruhigt sich auch das Kind, wobei diesmal das Kind die Gefühle der Bezugsperson widerspiegelt. Wenn das Kind so von seiner Bezugsperson getröstet wird, lernt es mit der Zeit, Gefühle zu erkennen und emotionale Erregung zu reduzieren. Es lernt auch, andere Menschen um Hilfe und Trost zu bitten, wenn die seelische Belastung zu groß ist, um allein damit fertig zu werden. Die Bezugsperson muss nicht einmal jedes Mal alles perfekt verstehen, denn das Kind kommt auch damit klar, wenn nur gut genug für es gesorgt ist.

Eine Trauma ist ein belastendes Ereignis (oder eine Reihe von belastenden Ereignissen), dem man nicht entrinnen kann und das die Stressbewältigungsmechanismen eines Menschen überfordert. Folglich wird durch traumatische Erfahrungen ein seelischer Aufruhr verursacht. Wenn ein Kind nicht die richtige Unterstützung und Fürsorge bekommt, um damit umzugehen, muss es einen eigenen Weg finden, so gut es das eben kann. Kinder reagieren ganz unterschiedlich; manche Kinder flüchten sich in verschiedene Aktionen, die alle eine beruhigende Wirkung haben, wie zum Beispiel Daumenlutschen, Beißen, Essen, Tobsuchtsanfälle, aggressives Verhalten gegenüber anderen Kindern, Schaukeln und Kopfaufschlagen. Dies kann uns helfen, irgendwie mit dem Trauma fertig zu werden. Es lehrt uns aber nicht, dass man bei seinen Mitmenschen Trost und Unterstützung finden kann und dass es andere Wege als Selbstverletzung gibt, um mit seelischen Belastungen umzugehen.

Anscheinend spielt auch das Alter des Kindes eine Rolle: Je jünger ein Kind zum Zeitpunkt eines ungenügend beachteten traumatischen Erlebnisses ist, desto wahrscheinlicher kommt es später zu selbstverletzendem Verhalten, zu »Verhaltensmustern, die schmerzhaften Erfahrungen in den ersten Lebensjahren entspringen«.[17] In jungen Jahren entwickeln wir

Verhaltensmuster zur Stressbewältigung, die wir oft für den Rest unseres Lebens beibehalten. Gerade in den allerersten Lebensjahren erfahren wir, was Fürsorge und die Erfüllung von Bedürfnissen bedeuten. Manche Menschen erleben aber in diesem Alter zum ersten Mal Vernachlässigung und das Gefühl von Wertlosigkeit. Frauen, die sich selbst verletzen, kommen häufiger aus Familien, in denen ihre seelischen Bedürfnisse nicht erfüllt wurden, wo sie vernachlässigt oder regelmäßig von ihrer Bezugsperson getrennt wurden.[18] Andere Frauen wuchsen in Familien auf, wo scheinbar sehr gut für sie gesorgt wurde. Ihre materiellen und praktischen Bedürfnisse wurden zwar erfüllt, aber gleichzeitig wurden ihre emotionalen Bedürfnisse nicht erkannt oder vernachlässigt. Manche Familien haben vielleicht Fehler gemacht, obwohl sie die »besten« Absichten hatten:

> *Es war an einem Sonntagnachmittag. Ich kann es in meinem Kopf wie in einem Videofilm sehen. Meine Erinnerung ist ganz klar, obwohl ich erst vier Jahre alt war. Ich spielte mit meiner Kusine im Vorgarten. Wir sahen Männer aus der Kneipe kommen. Mein Vater kam wegen des Lärms aus dem Haus und ging zu ihnen rüber, um die Schlägerei zu beenden. Sie gingen auf ihn los und stachen auf ihn ein, immer und immer wieder. Ich rannte zu ihm und schrie »Daddy, Daddy, Daddy«. Ich wollte ihn aufrichten; ich wusste nicht, dass er tot war. Ich war von oben bis unten mit seinem Blut beschmiert. Ich schnitt mich an den Scherben, und mein Blut mischte sich mit seinem. Wir haben nie darüber gesprochen. Der Arzt sagte meiner Mutter, so würde ich es schneller vergessen.* STEPH

Gloria Babiker und Lois Arnold vertreten in ihrem Buch die These, dass die Gründe für selbstverletzendes Verhalten in den ersten Lebensjahren zu suchen sind, wenn Frauen schon im Kindesalter oder in der Jugend damit anfangen. Die Autorinnen meinen weiterhin, dass auch die meisten Frauen, die erst als Erwachsene mit selbstverletzendem Verhalten anfangen, in der Kindheit negative Erlebnisse hatten, aber dass ein bedeutsames Erlebnis im Erwachsenenalter der eigentliche Auslöser sein kann. Die durch das ursprüngliche Trauma ausgelösten Emotionen sind nicht verarbeitet worden und blieben daher wie in einer Kapsel bewahrt, zusammen mit allem, was mit dem Trauma zusammenhing: alles, was man gesehen, gerochen, empfunden und gehört hat. All das scheint verdrängt und nicht mehr im Bewusstsein zu sein. Ähnliche Eindrücke können aber die Erinnerung an das Trauma zurückbringen und verstörende Bilder auslösen, immer wieder die quälenden Erinnerungen aufleben lassen. Manchmal ist es gar keine Erinnerung an das konkrete Trauma, und paradoxerweise können wir uns vielleicht kaum daran erinnern, was damals passiert ist. Aber es kann zu überwältigenden seelischen und körperlichen Empfindungen kommen, die scheinbar überhaupt nichts damit zu tun haben, was gerade um uns herum passiert. Die Auslöser der traumatischen Erinnerung können zunehmend unauffälliger und unspezifischer werden. Irgendwelche Nebensächlichkeiten können die Erinnerung an das Trauma wachrufen. »Die individuelle Bedeutung des Traumas entwickelt sich mit der Zeit. Oft gehören dazu Gefühle wie unersetzlicher Verlust, Wut, Verrat und Hilflosigkeit. (...) Ein bestimmtes Ereignis kann andere, längst vergessene Erinnerungen an ein früheres Trauma wachrufen.«[19]

Betroffene Frauen nannten als häufigste Auslöser solcher Zustände entweder Gefühle und Bilder, die direkt mit der traumatischen Erfahrung zu tun hatten, oder auch Beziehungsprobleme, besonders wenn es dabei um Zurückweisung, Trennung oder Verlassenwerden ging.

Anscheinend sind Vergewaltigung und schwere körperliche Angriffe – meistens durch den Partner – die häufigsten Auslöser für eine erst im Erwachsenenalter beginnende Selbstverletzung. In anderen Fällen beginnt das selbstverletzende Verhalten nach dem Verlust oder Tod eines nahe stehenden Menschen, wie etwa Lebenspartner, Elternteil oder Kind.

Kurz nach dem Tod meiner Mutter fing ich an, mich zu schneiden. Plötzlich wurde mir klar, dass ich nie wirklich eine Mutter gehabt hatte, dass sie mich niemals gewollt hatte und sich nie um mich kümmerte. Das war immer so. Ich hatte niemanden gehabt. SARAH

In Zeiten hoher Belastung ist es extrem wichtig für unser Wohlbefinden, dass wir unsere Gefühle mitteilen können. Wenn wir diese Signale unserer Seele nicht wahrnehmen und erkennen, können wir auch keinen Trost bekommen und den intensiven Schmerz lindern. Frauen, die sich selbst verletzen, hatten irgendwann in ihrem Leben, und zwar höchstwahrscheinlich in ihren prägenden Jahren, überwältigende emotionale Qualen auszuhalten. Menschen können solche Belastungen nicht ertragen. Sie haben daher das dringende Bedürfnis, diese Gefühle zu reduzieren und auf irgendeinem Weg anderen Menschen ihren Zustand mitzuteilen. Selbstverletzung kann eine Reaktion auf solch überwältigende Gefühle sein. Sie kann die biochemischen Vorgänge im Körper so weit beeinflussen, dass ein Gefühl der Ruhe eintritt. Die Wunden, die dabei entstehen, sind ein sichtbarer Beweis des erlittenen Schmerzes, ein Signal an die Mitmenschen. Gleichgültig, ob Sie selbst betroffen sind oder ob Sie dieses Buch lesen, weil Sie einer Betroffenen helfen wollen, zuallererst müssen Sie sich klar machen, dass Sie nicht allein sind. Selbstverletzung ist nichts Außergewöhnliches, und Sie sind nicht völlig anders als andere Menschen.

Kapitel 2
Ursachen und Gründe für selbstverletzendes Verhalten

Viele Frauen wünschen sich verzweifelt, mit der Selbstverletzung aufhören zu können, aber ihr Misstrauen hindert sie daran, Hilfe zu suchen. Dieses Misstrauen entsteht zum Teil aus der Angst davor, nicht verstanden zu werden, oder aus der Befürchtung, das selbstverletzende Verhalten könnte in einer Weise interpretiert werden, die wenig oder gar nichts mit ihrer persönlichen Erfahrung gemein hat. Betroffene Frauen haben uns davon berichtet, dass in all den Erklärungsversuchen verschiedenster Ärzte und Fachleute häufig das heruntergespielt wurde, was sie selbst für das Wichtigste halten, und das hervorgehoben wurde, was für sie das Unwichtigste ist. Manche Frauen haben auch die Befürchtung, als geisteskrank abgestempelt zu werden, was einer Stigmatisierung gleichkommen würde. Zudem haben viele Frauen negative Erfahrungen in einer Beratung oder Therapie gemacht, denn ihre Therapeuten wollten den Frauen und deren Erfahrungen ihre eigene Interpretation aufzwingen.

Trotzdem sollten betroffene Frauen nicht vergessen, dass es auch einige sehr gute Psychiater und Therapeuten gibt, die ihnen dabei helfen können, ihre persönlichen Erfahrungen aufzuarbeiten, so dass sie eines Tages aufhören können, sich selbst zu verletzen. Es ist sehr wichtig, sich über die persönlichen Erfahrungen mit Selbstverletzung klar zu werden und die Erklärungsmuster zu kennen, die im psychiatrischen Bereich Anwendung finden. Deshalb haben wir dieses Kapitel geschrieben, das sich mit den Modellen befasst, die Therapeuten und Ärzte im Zusammenhang mit Selbstverletzung verwenden. Nicht alle werden mit Ihrem persönlichen Selbstverständnis übereinstimmen. Vielleicht können diese Erklärungen Ihnen auch dabei helfen, Ihre bisherige Vorstellung von selbstverletzendem Verhalten zu ergänzen oder zu überdenken, möglicherweise können Sie auch gar nichts damit anfangen. In diesem Kapitel bekommen Sie jedoch die Informationen, die Sie brauchen, um eine eigene Entscheidung zu treffen. Es ist wichtig, dass Sie selbst und diejenigen, die Sie unterstützen, viele verschiedene Erklärungsansätze in Erwägung ziehen. Sie brauchen sich nicht einzig und allein deshalb auf die Meinung von Ärzten und Therapeuten zu verlassen, weil sie Fachleute sind, vor allem dann nicht, wenn Sie ein ungutes Gefühl dabei haben.

Wir beschreiben typische psychiatrische und auch psychologische Erklärungen zum Phänomen Selbstverletzung. Psychiatrische Ansätze neigen dazu, Selbstverletzung als Symptom einer feststellbaren Geisteskrankheit anzusehen, die auf physiologischen Gehirnstörungen oder auf einer »unkorrigierbaren« Persönlichkeitsstörung beruht. Folglich behandeln Psychiater, die ja letztlich Mediziner sind, Selbstverletzung eher mit Medikamenten oder anderen körperbezogenen Behandlungen. Psychologische Erklärungsansätze betrachten eher die Gefühle und Gedanken, die einen Menschen zu selbstverletzendem Verhalten bringen, und die möglichen Hintergründe und Auslöser im Leben der Betroffenen. Sie betrachten außerdem die unterschiedlichen Funktionen, die selbstverletzendes Verhalten im Leben einer Frau erfüllen kann. Deshalb werden sich Psychologen und Psychotherapeuten, deren Ausbildung darauf abzielt, Menschen bei einer Änderung ihres Verhaltens zu helfen, eher darum bemühen, dass eine betroffene Frau den Ursprung und die Funktion des selbstverletzenden Verhaltens herausfindet, dass sie ihre Gefühle ausdrückt, die zum selbstverletzenden Verhalten geführt haben, und dass sie lernt, auf anderem Wege mit diesen Gefühlen umzugehen.

Heutzutage sehen viele Psychiater ein, dass Selbstverletzung auch eine psychologische Dimension hat, und viele Psychologen erkennen, dass auch Veränderungen im Körper stattfinden, wenn sich ein Mensch fortwährend selbst verletzt.

Zuerst beschreiben wir die psychiatrischen Erklärungsmuster, da sie oftmals die ersten Interpretationen sind, die eine Hilfe suchende Frau von Ärzten zu hören bekommt.

Symptom einer psychischen Störung

Frauen, die sich selbst verletzen, werden von psychiatrischer Seite oft als »krank« abgestempelt. Selbstverletzendes Verhalten kann als »abweichend« (böse) oder als »histrionisch« (Beachtung suchend) oder als Anzeichen einer bestimmten psychischen Erkrankung angesehen werden; es wird jedenfalls zu den Fehlfunktionen des Gehirns gerechnet.

Persönlichkeitsstörungen

Von den vielen möglichen Diagnosen ist die wahrscheinlichste die der Persönlichkeitsstörung. Diese Diagnose wird gestellt, wenn die Ärzte das Verhalten eines Menschen, seine Ansichten und Einstellungen für derart unflexibel, starr und unangepasst halten, dass dem Betroffenen dadurch ernsthafte Schwierigkeiten mit seinen Mitmenschen und im Arbeitsleben erwachsen oder seine Haltung ihm schweres Leid verursacht.[1] Man unterscheidet verschiedene Persönlichkeitsstörungen, je nachdem, welche »unangepassten Merkmale« dem Betroffenen zugeordnet werden.

Bei Frauen, die sich selbst verletzen, wird meistens eine Borderline-Persönlichkeitsstörung diagnostiziert. Borderline-Patienten gelten als Menschen mit geringem Selbstwertgefühl und unberechenbaren Gefühlen, die nur unbeständige zwischenmenschliche Beziehungen haben. Sie neigen zu impulsivem Verhalten, das sich in Fressanfällen, Diebstahl, Glücksspiel, Promiskuität und/oder Selbstverletzung äußern kann.

Eine histrionische Persönlichkeitsstörung ist die zweithäufigste Diagnose. Menschen mit dieser Diagnose, heißt es, haben Probleme im zwischenmenschlichen Bereich, neigen zu theatralischem Verhalten und wollen immerzu die Aufmerksamkeit auf sich lenken. Sie sind abhängig und stellen permanent Forderungen.

Judith Herman, die selbst als Psychiaterin tätig ist, sieht in der Diagnose Persönlichkeitsstörung »kaum mehr als eine wohlformulierte Beleidigung«.[2] Ärzte und Therapeuten begegnen Frauen mit dieser Diagnose häufig mit unverhohlener Feindseligkeit. Weil es keine Medikamente gibt, um »die Persönlichkeit« zu verändern, halten Psychiater jeden Patienten mit einer Persönlichkeitsstörung grundsätzlich für unheilbar. Dies frustriert natürlich manche Psychiater, die hauptsächlich Medikamente oder andere rein auf den Körper bezogene Behandlungsmethoden verschreiben. Es kann passieren, dass sie ihre Frustration auf den Patienten projizieren. Psychiater werden vielleicht Medikamente gegen manche Symptome der Persönlichkeitsstörung verschreiben, wie etwa depressive Stimmung, Panik- und Angstzustände und selbstverletzendes Verhalten, aber in ihren Augen gibt es keine Behandlung für die Persönlichkeitsstörung an sich.

Durch diese Art von »Diagnose« und »Behandlung« wird kaum einer betroffenen Frau geholfen. Häufig kommt es dadurch lediglich zu einer Steigerung des Gefühls, ausgeschlossen und isoliert zu sein, das ja ursprünglich zu dem Drang nach Selbstverletzung geführt hatte.

Sie sagen, ich hätte eine Persönlichkeitsstörung, nur ein weiteres Etikett, das mir sagt, was ich bin. Schlimmer noch ist, dass sie sagen: »Es reagiert nicht auf die Behandlung«, als ob »es« nicht ich wäre, oder wenn doch, dann bin ich kein Mensch. Ich gehe aus dem Sprechzimmer, ich war siebeneinhalb Minuten drin. Erstaunlich, dass man zu einem ganzen Leben in siebeneinhalb Minuten Stellung nehmen kann. Ich fühle mich wie eine wertlose Verschwendung von

Zeit und Raum, warum sollte irgendjemand seine Zeit mit mir vertun. TYLER

Therapeuten, die mit in der Kindheit traumatisierten Patienten arbeiten (speziell, wenn es sich um wiederholten sexuellen Missbrauch handelte[3]), wissen heute, dass mutmaßliche Anzeichen einer »Persönlichkeitsstörung« nur ganz normale und voraussehbare Reaktionen auf solch ein Trauma darstellen.[4] Also sprechen diese Symptome durchaus auf eine Behandlung an – aber nicht auf Medikamente, sondern auf eine Untersuchung des ursprünglichen Traumas.

Marsha Linehan, die Frauen mit der Diagnose Borderline-Persönlichkeitsstörung therapiert, berichtet, dass fast alle ihre Patientinnen etwas erlebt haben, was sie als »entwertende Umgebung« bezeichnet: Die persönlichen Erfahrungen werden von den Bezugspersonen geleugnet oder abgewertet.[5] Marsha Linehan und andere Therapeuten nehmen zudem an, dass gewisse physiologische Merkmale manche Menschen anfälliger dafür machen, auf die entwertende Umgebung in bestimmter Weise zu reagieren.[6] Man geht davon aus, dass das vegetative Nervensystem dieser Menschen extrem stark auf Belastung reagiert und sehr lange braucht, um sich nach einem belastenden Erlebnis wieder zu erholen. Man nennt diesen Erklärungsansatz, der sowohl eine biologische Disposition als auch äußere Umstände berücksichtigt, die zusammen genommen eine ganz besondere Schwierigkeit ergeben, Diathesis-Stress-Modell. Anhand dieses Modells kann man zum Beispiel besser verstehen, warum nicht notwendigerweise alle Geschwister, die zu Hause missbraucht wurden, selbstverletzendes Verhalten entwickeln.

Dies ist wichtig für alle, die mit Betroffenen zu tun haben. Es mag zwar seltsam erscheinen, dass manch ein missbrauchter Mensch mit Selbstverletzung reagiert, während ein anderer scheinbar nur geringe oder gar keine sichtbare seelische Störung aufweist, aber dieser Unterschied lässt sich durch ihre so verschiedene physiologische Veranlagung erklären.

Schizophrenie

Schizophrenie gilt in unserer Gesellschaft als der Inbegriff von Geisteskrankheit. Es handelt sich dabei aber nicht um eine singuläre Störung, sondern um einen Oberbegriff für eine ganze Reihe von Störungen, bei der die betroffenen Personen eine ganz andere Realitätswahrnehmung zu haben scheinen als gemeinhin als normal gilt. Schizophrene weisen häufig mehrere der folgenden Merkmale auf:

a) Störungen des Denkens: Ein Gedanke bricht plötzlich ab und ein anderer setzt ein; Schizophrene glauben, dass ihre Gedanken übertragen oder von außen beeinflusst werden; Wahnvorstellungen, wie zum Beispiel Verfolgungswahn oder Allmachtsphantasien; Wahnvorstellungen bezüglich verschiedener Körperteile.

b) Störungen der Sinneswahrnehmung: akustische Halluzinationen – Stimmen- und Geräuschehören; visuelle Halluzinationen (selten); körperliche Halluzinationen – Hitze, Kälte, Schmerz sowie sexuelle Empfindungen; Geruchs- und Geschmackshalluzinationen.

c) Störungen der Gefühle: Depression; Furcht; ein vollständiges Abflachen der Gefühle oder nicht zur Situation passende Gefühle.

d) Störungen des Verhaltens: Schizophrene glauben, dass ihre Gedanken und/oder ihr Sprechen nicht ihnen gehören und von außerhalb beeinflusst werden; lange Phasen der Bewegungslosigkeit; Erregungszustände mit Zerstörungsanfällen, ziellosem Auf- und Abgehen oder grundlosem Stöhnen.

Menschen mit solchen Symptomen als »verrückt« abzustempeln, zeugt von einer nicht sehr hilfreichen und unpassenden Haltung. Häufig haben die Betroffenen durch diese »Symptome« eine Möglichkeit gefunden, mit etwas sehr Schmerzhaftem umzugehen, über das sie nicht offen sprechen konnten.

Viele Frauen mit der Diagnose Schizophrenie verletzen sich selbst, oft fügen sie sich sogar sehr ernsthafte Verletzungen zu. Als Erklärung geben sie häufig an, dies sei eine Reaktion auf die Befehle von Stimmen in ihrem Kopf oder das Ergebnis von Wahnvorstellungen, vor allem solcher religiösen oder sexuellen Charakters. Unserer Erfahrung nach fangen viele dieser Frauen nach dem Aufbau eines Vertrauensverhältnisses schließlich damit an, die verschiedenen Traumata ihrer Kindheit zu beschreiben. Der Großteil der Symptome entpuppt sich dann als Reaktion auf die Traumatisierung. Wenn die Traumatisierung bekannt ist, können manche der scheinbar wahnhaften Gedanken und Verhaltensweisen auf diese tatsächlich erlebten Erfahrungen zurückgeführt werden und stellen sich damit als nicht wirklich wahnhaft heraus.

Manche Frauen haben uns zum Beispiel erzählt, dass ihre Selbstverletzungen die Reaktion auf innere Stimmen sind. »Stimmen in meinem Kopf« könnten unter die Rubrik »akustische Halluzinationen« fallen und damit ein Teil der Diagnose Schizophrenie darstellen. Aber wenn man die Frauen darum bittet, mehr über diese Stimmen zu erzählen, wird häufig deutlich, dass die Stimmen in Wirklichkeit ein Teil ihrer selbst sind. Oder es sind die Stimmen von wichtigen Personen in ihrem Leben, häufig die Stimmen derjenigen, die die Frau in ihrer Kindheit missbraucht haben. Meistens sagen die Stimmen abwertende Dinge über die Frau. Manche Sätze hat man vielleicht während des Missbrauchs zu ihr gesagt; aber auch der Missbrauch an sich kann die Botschaft der Wertlosigkeit vermitteln. Diese Botschaft wird in Worte gefasst und im Kopf immer und immer wieder gebetsmühlenartig wiederholt. Oft gibt es eine Stimme, die der Frau »befiehlt«, sich zu verletzen, und manchmal auch eine andere Stimme, die versucht, sie zu beschützen. Wenn Sie zu denen gehören, die innere Stimmen hören, ist es sehr wichtig für Sie, die beschützende Stimme zu stärken.

Manchmal hörte ich ständig seine Stimme. Sie sagte immer wieder zu mir: »Du bist eine Schlampe. Du bist eine Hure. Du magst es doch, stimmt's? Du bist Dreck. Du bist bloß ein Stück Scheiße. Mir egal, wenn es dir weh tut. Du verdienst es, du hast eine Bestrafung verdient.« Das regt mich unheimlich auf. Mich zu schneiden oder zu verbrennen ist die einzige Möglichkeit, ihn zum Schweigen zu bringen. Wenn ich mich verletzt habe, ist er für eine Weile still. So als ob er für eine Weile zufrieden ist, wenn ich mich selbst bestraft habe. SHEENA

Halluzinationen, die den Körper betreffen, sind weitere »Symptome« oder »Merkmale« der Schizophrenie, die betroffene Frauen als Auslöser von selbstverletzendem Verhalten angeben. Aber was wie eine »körperliche Halluzination« erscheinen mag, kann auch eine im wahrsten Sinne des Wortes »verkörperte Erinnerung« an das erlittene Trauma sein. Zu diesen Empfindungen können gehören: Schmerzen in der Vagina und im After, das Gefühl des Penetriertwerdens und die damit verbundene sexuelle Erregung, das Gefühl, zu ersticken und geknebelt zu werden, das Gefühl, einen Körper auf sich zu spüren und die Haut des Täters auf der eigenen Haut zu spüren, Schmerzen wie nach einer Tracht Prügel, körperliche Empfindungen, die mit Operationen während der Kindheit zusammenhängen, obwohl diese aufgrund der Narkose nicht bewusst gespürt wurden. All das kann zu dem verzweifelten Versuch führen, den Körper von diesen unangenehmen Gefühlen zu befreien.

Ich kann sie auf meiner Haut spüren. Ich kann es nicht erklären. Ich nehme an, es ist wie ... als ob wir auf irgendeine Weise miteinander verschmolzen wären. Ich kratze meine Haut wieder und wieder auf, aber ich komme nicht tief genug, um sie loszuwerden. LINDA

Frauen mit »Stimmen im Kopf« und »körperlichen Halluzinationen« wagen oft nicht, darüber zu sprechen. Sie haben Angst, dass sie erst recht für »verrückt« gehalten werden, wenn sie jemandem von ihren Erfahrungen erzählen. Wenn Sie allerdings einem anderen Menschen Ihre innersten Gedanken und Gefühle, sogar die erschreckenden und seltsamen, anvertrauen können, kann Ihnen diese Vertrauensperson helfen, sich selbst besser zu verstehen. Ihr Bedürfnis nach Selbstverletzung könnte sich deutlich reduzieren.

Ich war in genug Krankenhäusern, um zu wissen, dass sie dich für psychotisch, für verrückt halten, wenn sie von den Stimmen in deinem Kopf erfahren. Ich hatte große Angst davor, dass ich für verrückt erklärt werde, wenn ich jemandem davon erzähle. Aber das Hauptproblem war, dass auch ich selbst dachte, dass dies ein Anzeichen für mein Verrücktsein wäre. Die Stimmen nörgelten ständig an mir herum, schon allein deswegen wollte ich mich schneiden. Erst als ich anfing, meiner Pflegemutter wirklich zu vertrauen, erzählte ich ihr davon, und sie hielt mich nicht für verrückt. Da wurde mir klar, dass diese Stimmen nur das wiederholten, was meine Mutter und mein Bruder jahrelang zu mir gesagt hatten. Ich erkannte, dass ich nicht verrückt bin. Die meisten Menschen haben solche Gedanken in ihrem Kopf; ich höre meine aber als Stimmen, weil sie mich so sehr verletzt haben. Ich habe gelernt, mit ihnen zu streiten, zu sagen: »Verpiss dich!«; ich habe gelernt, ihnen zu sagen, dass sie Unrecht hatten und dass sie diese Dinge nur zu mir sagten, um sich dafür zu rechtfertigen, mich schlecht behandelt zu haben. Sie haben ziemlich nachgelassen. Sie regen mich manchmal immer noch auf, aber deutlich weniger als früher, und deshalb schneide ich mich auch weniger. Früher habe ich mich geschnitten, weil es sie zum Schweigen gebracht hat.

TYLER

Psychologische Erklärungen

Für selbstverletzendes Verhalten gibt es eine Reihe unterschiedlicher psychologischer Erklärungsansätze. Ein entscheidender Aspekt ist jedoch allen gemeinsam: Sie dürfen selbst entscheiden, was Ihr Verhalten für Sie bedeutet, statt von außen eine Interpretation vorgesetzt zu bekommen. Jeder Mensch ist sein eigener Experte, wenn es um ihn selbst und seine Gefühle geht. Der Therapeut soll helfen, den Raum und den Rahmen dafür zu schaffen, in dem Sie Ihre individuelle Erfahrung verstehen lernen. Dies gilt auch für die folgenden Beispiele geläufiger Erklärungen für selbstverletzendes Verhalten: Sie sollen Ihnen ermöglichen, selbst zu entscheiden, inwiefern diese Erklärungen für Ihre eigene Situation und Ihre Erfahrungen von Bedeutung sind.

Umgang mit emotionaler Anspannung

Viele Frauen verletzen sich selbst, um eine emotionale Anspannung zu lösen. Oft hat diese Anspannung ihren Ursprung in einem früheren Trauma. Die von den Frauen am häufigsten genannten Gefühle sind Angst, Erregung und Wut. Der emotionale Druck steigert sich dermaßen, dass die Frauen diese Gefühle nicht mehr ertragen oder beherrschen können. Wie bereits gesagt, kann niemand eine hohe emotionale Anspannung über einen längeren Zeitraum aushalten. Wir müssen etwas tun, um sie zu verringern, damit wir weiterleben können. Vielleicht hat selbstverletzendes Verhalten in der Vergangenheit für einen Abbau der Anspannung und der Angst gesorgt. In diesem Fall fällt es vielleicht schwer, einen anderen Lösungsweg in Erwägung zu ziehen.

Die Gedanken der betroffenen Frauen kreisen dann immer häufiger um Selbstverletzung; und schließlich werden sogar Gründe für die Selbstverletzung gesucht und gefunden. Selbsthass und ein geringes Selbstwertgefühl können das Ihrige zur Rechtfertigung beitragen, dass das selbstverletzende Verhalten die einzige Möglichkeit sei, die Anspannung abzubauen. Die betroffenen Frauen spüren, so sagen sie, wenig oder gar keinen Schmerz, wenn sie sich verletzen, obwohl die Verletzungen manchmal recht schwer sein können. Die Frauen hören damit auf, wenn sie Erleichterung spüren oder sich ihre Stimmung ändert. Nach der Verletzung setzt das Schmerzgefühl aus, manchmal sogar für Stunden oder Tage.

Sobald ich mich dazu entschieden habe, setzt die Entspannung ein. Ich gerate ein bisschen in Trance und mache alles irgendwie automatisch. Ich gehe raus und kaufe Rasierklingen, Papiertaschentücher, Verbandszeug und Pflaster. Ich habe hunderte von Rasierklingen zu Hause, aber ich will jedes Mal frische, das gehört dazu. Ich überlege, was ich tun werde, wo und wie ich es tun werde. Das gehört alles dazu. Dann gehe ich ins Bad, setze mich auf den Badezimmerteppich, packe alles aus und ordne es rund um mich. Ich zerbreche die Rasierklingen und in diesem Moment fühle ich mich schon viel besser, viel ruhiger. SARAH

Für gewöhnlich ist diese »Erleichterung« nur vorübergehend. Selbstverletzung kann die Ursachen des seelischen Drucks nicht beseitigen, und deshalb wird das Bedürfnis immer wieder kommen, sobald irgendetwas passiert, das negative Gefühle auslöst, und die Erregung wieder ansteigt. Auf diese Weise kann Selbstverletzung Teil eines Teufelskreises werden. Manche Frauen müssen sich mit der Zeit sogar immer schwerere Verletzungen zufügen, um den ursprünglichen Grad der Erleichterung zu erreichen.

Manche betroffene Frauen erklären ihr selbstverletzendes Verhalten damit, dass sie ihre Gefühle nicht anders ausdrücken könnten. Sie wünschen sich verzweifelt, über ihren Zustand zu sprechen, aber sie sind nicht dazu fähig. Diese Unfähigkeit frustriert sie zusätzlich und führt ihrerseits zur Selbstverletzung. Bonnie Burstow beschreibt diesen Prozess:

Sie brauchen dringend ein Gespräch, sind aber dazu nicht in der Lage, weil sie glauben, nicht über den Schmerz sprechen oder um Hilfe bitten zu dürfen. Außerdem wissen sie nicht, ob sie dann tatsächlich Beachtung finden, und noch eine weitere Zurückweisung könnten sie nicht ertragen. Ihre Lösung sind daher versteckte Signale. Sie verletzen sich, und ihre Wunden sprechen für sie. Sie suchen auf ihre Art Hilfe. Viele Frauen verstecken ihre Wunden, die eigentlich für sie sprechen sollten, denn sie schämen sich: zum einen dafür, dass sie überhaupt Hilfe gesucht haben, und zum anderen dafür, dass sie es auf diesem Weg getan haben. Sie verletzen sich da, wo es niemand sehen kann. Häufig gibt es aber einen Hinweis auf die Verletzung, denn diese hin- und hergerissene Frau möchte doch wahrgenommen werden.[7]

BURSTOW

Selbstverletzendes Verhalten gilt hier deshalb als Anzeichen einer inneren Qual und als eine Botschaft sowohl nach innen als auch nach außen.

Zustände der Dissoziation

Dissoziation, das völlige Ausblenden von Gefühlen und den damit verbundenen Ereignissen ist eine andere Möglichkeit, mit starkem seelischem Kummer umzugehen, wenn es keine andere Hilfe gibt. Dies kommt meistens vor, wenn ein kleines Kind ein sehr schweres Trauma erlebt. Es geschieht nicht bewusst; unser Verstand schützt uns auf diese Weise vor unerträglichem Schmerz und Schrecken. Man kann es mit einem Zustand von Selbsthypnose vergleichen. Zu einem späteren Zeitpunkt können bestimmte Auslöser, die etwas mit dem ursprünglichen Trauma zu tun haben, unbewusst zu einem ähnlichen dissoziierten Zustand führen. Dabei fühlt sich die Betroffene wie tot und von anderen Menschen abgeschnitten. Viele Frauen fühlen sich kurz vor der Selbstverletzung »wie abgeschnitten«, als ob sie »einfach aus dem Leben treiben würden und niemals zurückkommen würden«, oder «gefühllos«, »total leer« oder »nicht anwesend«.

Es ist, als ob nicht ich es tun würde, ich schaue nur zu, »wie es getan wird«.

TYLER

Laut Judith Herman lernen Kinder mit dissoziativen Zuständen, diesen Zustand durch »einen heftigen Schock für den Körper« zu beenden. Insofern kann Selbstverletzung dazu dienen, den Kontakt zur Realität wieder herzustellen.[8] Wenn

Sie sich an eine Selbstverletzung nicht erinnern können oder wenn Sie ziemlich sicher annehmen, dass eine andere Person Ihnen diese Verletzungen zugefügt haben muss, haben Sie sich mit großer Wahrscheinlichkeit in einem anderen Bewusstseinszustand befunden. Anders ausgedrückt: Sie waren dissoziiert.

Jedes Mal, wenn ich mit meinen Schnitten zur Unfallstation komme, sind es dieselben Fragen: Haben Sie das selbst getan? Hat Sie jemand dazu gezwungen? War jemand dabei, als Sie es getan haben? Welche Hilfsmittel haben Sie benutzt? Haben Sie versucht, sich umzubringen? Es hängt mir so zum Hals raus, ihre Fragen zu beantworten – Ich habe es selbst getan, nur ich selbst habe mich dazu gezwungen. Ich war allein. Ich habe eine Rasierklinge benutzt und auf keinen Fall wollte ich mich umbringen ... ich habe versucht, mich wieder lebendig zu fühlen ... SHEENA

Gegen sich selbst gerichtete Wut

Man geht davon aus, dass Kinder, die nicht richtig umsorgt werden oder misshandelt oder missbraucht werden, aus Protest eine sehr starke Wut entwickeln. Diese Wut wird unterdrückt, da Kinder, und besonders Mädchen, für jedes Zeigen von Wut bestraft werden. Auch von erwachsenen Frauen wird in unserer Kultur erwartet, dass sie ihre Wut nicht ausdrücken.

Eine überwältigende Wut gegen eine mächtige und wichtige Person in unserem Leben, wie etwa Vater oder Mutter, kann unerträglich werden. Wenn die Wut sich nicht länger unterdrücken lässt, aber die Erziehung einen Wutausbruch nicht erlaubt, kann sie gegen die eigene Person gerichtet werden.

Manchmal kriege ich eine Riesenwut auf das grausame Leben, zu dem ich gezwungen wurde.
Ich möchte heulend und schreiend protestieren,
aber es bleibt alles in mir und schmerzt.

Tränen der Wut suchen ihren Weg,
ich halte sie zurück, da ich sonst die Kontrolle verlieren könnte.
Selbstverstümmelung ist wie ein Ventil.
Ich sehe mein Blut fließen und spüre nichts,
lautlose rote Tränen der Wut und der Qual. TYLER

Selbstbestrafung

Wie oben bereits angedeutet, glauben viele Frauen, sich für ihre Emotionen und besonders für ihre Wut schuldig fühlen zu müssen. Manche Frauen bestrafen sich mit der Selbstverletzung für Gefühle, die sie für verboten halten. Anscheinend werden die Schuldgefühle auf eigenartige Weise durch die Selbstverletzung reduziert. Häufig glauben Frauen, versagt zu haben und unzulänglich zu sein, was meistens mit Beziehungsproblemen zusammenhängt. Diese Gefühle werden gern zur Rechtfertigung der Wut auf sich selbst benutzt. Es handelt sich um einen typisch weiblichen Charakterzug, da Frauen sich für die Aufrechterhaltung von Beziehungen verantwortlicher fühlen als Männer. Viele betroffene Frauen sind in Familien aufgewachsen, in denen sie schon als kleines Kind für alles Verantwortung übernehmen mussten, sogar für ein gutes Verhältnis zu den Eltern.

Meine Mutter schien mich nicht zu mögen. Nichts, was ich tat, schien ihr zu gefallen. Sie hat sich nie darum gekümmert, was mit mir los war. Ich bin sicher, sie wusste, dass er mich vergewaltigte, aber sie tat nichts dagegen. Irgendetwas muss ich getan haben, um diesen Hass zu verursachen. Es muss mein Fehler gewesen sein, so wie es auch mein Fehler ist, dass alle meine Beziehungen scheitern, dass ich ganz allein bin. Jetzt ist sie tot, und ich kann das Verhältnis zwischen uns nicht mehr in Ordnung bringen. Ich bin so wütend auf mich. Warum habe ich das mit ihr nicht vor ihrem Tod geklärt? SARAH

Viele Menschen, die als Kinder missbraucht worden sind, übernehmen die Anschuldigungen der Täter. Sie halten sich beispielsweise für böse und schlecht; sie glauben, dass sie den Missbrauch gewollt oder verdient hätten. Sie haben verinnerlicht, was die Täter zu ihnen gesagt haben: Es war dein Fehler, du bist schuld. Darum ist es nicht unverständlich, dass sich die Wut nach innen gerichtet hat und dass die Selbstverletzung eine Art von Bestrafung ist. Paradoxerweise bestätigt die Selbstverletzung scheinbar wiederum die Tatsache, dass die Frau innerlich schlecht und wertlos ist und dass sie bestraft werden muss. Wenn der Täter besonders auf einen Körperteil der Frau fixiert war, wird sie sich möglicherweise vor allem dort verletzen, denn sie glaubt, dass dieser Körperteil für den Missbrauch verantwortlich ist.

Sogar als ich erst drei oder vier Jahre alt war, sagte er, ich hätte so hübsche Brüste. Das war so krank. Er sprach immer wieder darüber, wie sie wachsen würden und wie hübsch sie sein würden. Ich hasste es, dass er sie so oft berührte. Egal, wann und wo ich mich schnitt, ich machte immer auch dort einen Schnitt. Ich habe mich mich immer zuerst dort geschnitten. LUCY

Manche Frauen, die in ihrer Kindheit missbraucht wurden, sind voller Wut und Schuldgefühle, weil ihr Körper auf die sexuelle Stimulation normal reagiert hat und sie während des Missbrauchs erregt wurden. Das heißt aber nicht, dass sie den Missbrauch wollten oder ihn gar genossen haben. Es bedeutet lediglich, dass ihr Körper so reagiert hat, wie Körper nun mal instinktiv reagieren. Später kann es Probleme geben, wenn sexuelle Erregung bei einvernehmlichem Sex unangenehme Erinnerungen und traumatische Flashbacks hervorruft. Mitunter führt dies zur Selbstverletzung, die sich dann manchmal direkt gegen den Genitalbereich richtet.

Schuldgefühle von Tatzeugen

Es ist ein traumatisches Erlebnis, Augenzeuge einer schrecklichen Gewaltszene zu werden, und das Leben einer Frau kann dadurch in hohem Maße beeinflusst werden. Es können sehr starke Ohnmachts- und Schuldgefühle entstehen, weil man selbst überlebt hat oder weniger schwer verletzt wurde als andere. Wenn eine Frau als kleines Mädchen mitansehen musste, wie ihre Mutter geschlagen wird, kann sie sich später selbst »schlagen«, und zwar im wortwörtlichen wie auch im übertragenen Sinne. Mittlerweile hat man angefangen, den negativen Einfluss häuslicher Gewalt auf Kinder zu erkennen, auch wenn die Kinder selbst von Schlägen verschont geblieben sind.[9]

Bestrafung anderer Menschen

Selbstverletzendes Verhalten kann auch dazu dienen, anderen (und zwar normalerweise der Familie oder anderen ehemaligen Tätern) zu zeigen, dass man verletzt ist, dass Schaden angerichtet wurde.

Ich musste mich schneiden. Je größer und tiefer der Schnitt, desto besser. Ich wollte ihnen bloß zeigen, wie sehr ich verletzt war. Wie sehr sie mich verletzt haben. LUCY

Manche Frauen, die als Kinder ein Trauma erlitten haben, haben das Gefühl, »der Täter sei in ihnen«. In so einem Fall kann die Selbstverletzung den Versuch darstellen, den Täter zu verletzen oder ihn zum Herauskommen zu zwingen.

Ich hasse sie so sehr; mein ganzer Körper ist manchmal kurz vor dem Explodieren, wenn ich an sie denke oder sogar dann, wenn jemand nur das Wort »Mutter« ausspricht. Ich kann sie nicht loswerden, sie ist Tag und Nacht bei mir. Sie lebt und atmet mich. Ich spüre sie innerlich und äußerlich. Beim Einatmen habe ich das Gefühl, dass sie mich noch mehr ausfüllt. Beim Ausatmen habe ich das Gefühl, dass mein Atem von ihr verseucht ist. Also versuche ich, keinen anzuhauchen, damit niemand durch ihren Atem böse wird. Es führt kein Weg von ihr weg, sie ist Tag und Nacht bei mir. Diese Qual bringt mich um. Manchmal glaube ich, dass man meine Mutter in mir sehen kann. Ich fühle mich von ihr durchdrungen. Mein Körper scheint immer noch mit ihrem verbunden zu sein. Ich fühle mich von ihr eingeengt und erstickt. Ich möchte sie verletzen, sie töten. Ich schneide ihr Fleisch von meinem Körper. Das ist die einzige Möglichkeit, mich von ihr zu befreien. CLAIRE

Re-Inszenierung traumatischer Erlebnisse

Manche Therapeuten, darunter auch Gloria Babiker und Lois Arnold, halten es für einen wichtigen Hinweis, dass praktisch jede Selbstverletzung eine Verletzung der Haut einschließt.[10] In ihrem Buch »The Language of Injury« beschreiben Babiker und Arnold, inwiefern Hautkontakt oder auch der Mangel an Hautkontakt schon ab dem Säuglingsalter zur Vermittlung von verschiedensten Gefühlen dient. Das Waschen, Streicheln, Beruhigen und Halten eines Babys, die Körperwärme, das alles reizt die Nervenenden in der Haut. Ein vernachlässigtes Baby fühlt sich häufig körperlich unwohl: nass, kalt und wund. Bei vielen Traumata, besonders bei solchen in der Kindheit, wird die Haut verletzt oder die durch die Haut markierten Körpergrenzen werden überschritten. Die Autorinnen nehmen an, dass Selbstverletzung ein Versuch sein könnte, die Verletzungen nachzuspielen, um die Erfahrung zu verarbeiten oder aufzulösen. Dusty Miller nennt dies »*Trauma Re-enactment Syndrome*«.[11] Sie ist der Auffassung, dass betroffene Frauen ihrem Körper etwas antun, was in etwa dem gleichkommt, was ihnen als Kind angetan wurde.

Nach der Selbstverletzung wird die verwundete Haut häufig sorgfältig gepflegt und die Wunde versorgt. Beim ursprünglichen Trauma gab es keine derartige Fürsorge, um den

Schaden wieder zu beheben. Die Fürsorge der Gegenwart dient also auch zur Heilung der Wunden der Vergangenheit.

Das Abhängigkeitsmodell: biochemische Auswirkungen von selbstverletzendem Verhalten

Alles, was wir tun, führt zu Änderungen in unserem zentralen Nervensystem. Selbstverletzung ist dabei keine Ausnahme. Im folgenden Abschnitt finden Sie eine vereinfachte und verkürzte Darstellung einiger weniger Folgen von Selbstverletzung.

Eine Reihe von chemischen Substanzen im Nervensystem, die so genannten Neuropeptide, regeln unser Verhalten. Einige davon, nämlich die körpereigenen Opioide und das Serotonin, spielen eine Rolle bei der Selbstverletzung.

Die körpereigenen Opioide führen – ähnlich wie die Drogen Opium und Heroin – zu einem äußerst angenehmen Zustand der Ruhe und des Wohlbefindens. Sie werden in Gefahrensituationen, bei Angstgefühlen und besonders bei Verletzungen ausgeschüttet. Sie bewirken eine Schmerzunempfindlichkeit, so dass in einer gefährlichen Situation die Überlebenschancen steigen. Aus diesem Grund schüttet der Körper einer Frau während einer wie auch immer gearteten traumatischen Situation körpereigene Opioide aus, um sie vor Schmerzen zu schützen und die Wahrscheinlichkeit ihres Überlebens zu vergrößern.

Später wird der Körper immer dann körpereigene Opioide ausschütten, wenn irgendetwas – sei es ein Geruch, ein Geräusch, ein Geschmack, ein Bild oder ein Gefühl – diese überwältigenden Gefühle erneut auslöst. Wir können eine Sucht nach unseren körpereigenen Opioiden entwickeln und deshalb immer mehr davon brauchen, um das Gefühl der Ruhe zu erreichen. Wir suchen vielleicht nach einer Möglichkeit, den Körper zum Ausschütten der körpereigenen Opioide zu bewegen, und Selbstverletzung kann eine der Möglichkeiten sein. Danach fühlt man sich erleichtert, ruhig und glücklich.

Die körpereigenen Opioide wirken wie Schmerzmittel. Manche Frauen spüren längere Zeit keinen Schmerz, wenn sie sich selbst verletzen.

Auf diese Weise kann Selbstverletzung zu einem sich dauernd wiederholenden Kreislauf werden. Genau wie bei anderen körperlichen Abhängigkeiten kann es auch bei den körpereigenen Opioiden zu Entzugserscheinungen kommen. So steigt wiederum die innere Anspannung, und der Drang nach Selbstverletzung lässt sich kaum noch unter Kontrolle halten.

Zudem haben Menschen, die unter starkem Stress zu leiden haben, häufig einen niedrigen Wert des Neurotransmitters Serotonin. Bei einem niedrigen Serotoninspiegel kommt es zu gesteigerter Impulsivität und verminderter Impulskontrolle, so dass es schwer wird, dem Verlangen nach Selbstverletzung zu widerstehen. Wenn der Körper sich an die Endorphine gewöhnt hat, kann möglicherweise erst eine gefährlichere Verletzung den gewünschten Effekt bewirken.

Selbstverletzendes Verhalten kann durch bestimmte rein körperliche Empfindungen ausgelöst werden, aber diese haben trotzdem sehr viel damit zu tun, was die Betroffenen in Bezug auf sich selbst und ihre Mitmenschen denken und empfinden.

Was lässt sich mit diesen Erklärungen anfangen?

Frauen, die sich selbst verletzen, Angehörige, Krankenschwestern, Ärzte und Therapeuten, sie alle messen selbstverletzendem Verhalten eine jeweils andere Bedeutung zu. Viel zu häufig bleibt bei diesen zahlreichen Erklärungsversuchen die individuelle, persönliche Bedeutung der Selbstverletzung unberücksichtigt. Wir fühlen uns entfremdet und ausgeschlossen, wenn die eigenen Ansichten und Gefühle von unseren Mitmenschen nicht ernst genommen oder bestätigt werden. Wir fangen an, unsere Ansichten und Auffassungen für anomal oder für verrückt zu halten.

Wenn wir über unsere Erfahrungen sprechen und sie mit anderen teilen, erhalten wir eine positive Bestätigung unserer eigenen Wirklichkeit. Wenn unsere Umwelt versteht, was bei einer Selbstverletzung abläuft, können wir viel eher etwas verändern und andere Wege finden, mit Stress und Kummer umzugehen.

Das Nachdenken über mögliche Gründe für das selbstverletzende Verhalten ist ein sehr positiver persönlicher Schritt auf dem Weg zu diesem Ziel. Das Überwinden von Trauma und Schmerz ist ein langer und schwieriger Prozess, aber es gibt viele verschiedene Hilfsangebote. Es ist sehr wichtig für Sie herauszufinden, welche Möglichkeiten existieren, damit Sie die für Sie richtige Entscheidung treffen können.

Kapitel 3
So finden Sie medizinische Hilfe

Im Zuge unserer Recherche für dieses Buch haben wir alle Einrichtungen des britischen Gesundheitssystems angeschrieben und nachgefragt, ob sie spezielle Behandlungen für selbstverletzende Frauen anbieten. Wir haben sehr wenige Antworten bekommen, und unter den Antworten gab es nur wenig Hinweise auf irgendeine spezielle Behandlung. Meistens werden Frauen, die sich selbst verletzen, innerhalb der normalen psychiatrischen Stationen behandelt. Falls eine betroffene Frau den Wunsch nach einer spezifischen Behandlung hat, wird sie an eine Selbsthilfegruppe verwiesen.

Psychiatrische Einrichtungen sind von Land zu Land verschieden. Der Verlag und die Übersetzerin haben sich bemüht, die Hinweise der Autorinnen auf deutsche Verhältnisse zu übertragen.

In den folgenden beiden Kapiteln geht es um die verschiedenen Möglichkeiten, medizinische bzw. psychotherapeutische Hilfe zu bekommen. Diese Informationen sollen es Ihnen ermöglichen, einer Ihnen angebotenen Behandlung zuzustimmen oder sie abzulehnen, denn vielleicht möchten Sie lieber an jemanden überwiesen werden, dessen Behandlung Ihren Bedürfnissen eher entspricht.

Welche Art von Behandlung Ihnen angeboten wird, hängt sehr davon ab, welche Einstellung der jeweilige Arzt oder Therapeut hat. Allgemein gesprochen kann man sagen, dass diejenigen Ärzte, die Selbstverletzung als Teil einer Geistesstörung betrachten, vor allem eine medikamentöse Behandlung anbieten werden. Sollte diese Behandlung keinen Erfolg zeigen, wird in schweren Fällen die Elektrokrampftherapie vorgeschlagen und in sehr seltenen Fällen eine Gehirnoperation.

Diejenigen Ärzte und Therapeuten, die Selbstverletzung als den Versuch werten, Aufmerksamkeit zu bekommen oder andere Menschen zu manipulieren, oder Selbstverletzung für ein erlerntes Verhaltensmuster halten, werden Ihnen wahrscheinlich eine Verhaltenstherapie nahe legen, die von einem speziellen Verhaltenstherapeuten oder einem klinischen Psychologen durchgeführt wird.

Wenn ein Arzt den Eindruck hat, dass Ihr selbstverletzendes Verhalten vor allem eine Reaktion auf ein traumatisches Ereignis darstellt, wird man Ihnen eine Psychotherapie empfehlen, um Ihre traumatischen Erlebnisse zu verarbeiten. Häufig werden verschiedene Behandlungsansätze miteinander kombiniert, weil man sich davon die besten Heilungschancen erhofft.

Welche Behandlung Sie bekommen, hängt auch davon ab, wo sie zuerst Hilfe suchen. Sie können sich selbst einen Therapeuten suchen, zu Ihrem Hausarzt gehen oder zur Notaufnahme.

Therapeutensuche auf eigene Faust

Wenn Sie sich selbst einen Therapeuten oder eine Therapeutin suchen wollen, können Sie entweder im Branchentelefonbuch nachschlagen oder Sie können sich in Ihrem Bekanntenkreis oder in Ihrer Selbsthilfegruppe nach empfehlenswerten Therapeuten umhören. Auch von Ihrer Krankenkasse können Sie eine Adressenliste bekommen. Sie sollten jedoch mit Ihrer Krankenkasse klären, für welche Therapieformen und für wie viele Sitzungen sie die Kosten übernimmt. Der entsprechende Antrag wird dann vom Therapeuten gestellt.

Wenn Sie sich für eine Therapieform entscheiden, für die Ihre Krankenkasse die Kosten nicht übernimmt, oder wenn Sie aus irgendeinem anderen Grund die Therapie aus eigener Tasche bezahlen möchten, sollten Sie zu Ihrer eigenen Sicherheit klären, ob der Therapeut oder die Therapeutin Ihrer Wahl die entsprechenden Qualifikationen besitzt und einem

Berufsverband angehört. Eine privat bezahlte Therapie ist allerdings nicht automatisch besser.

Dann probierte ich eine private Psychotherapie, die extrem teuer war und mich sehr aufwühlte. Eine Menge unangenehmer Dinge wurde an die Oberfläche gespült. Als meine Therapeutin herausfand, dass ich mich selbst verletze, ließ sie mich sofort fallen, denn sie hatte Angst, dass ich mich aus Versehen umbringen könnte. Sie ließ mich in großer Verwirrung zurück, und es dauerte ewig, bis ich diesen Zustand überwunden hatte. DEE

Hausarzt

Häufig ist der Hausarzt die beste Quelle für genaue Informationen über die in Ihrer Stadt praktizierenden Therapeuten und sonstigen Einrichtungen. Wenn Sie ein gutes Verhältnis zu Ihrem Hausarzt haben, sollten Sie ihm genau schildern, welche Vorstellungen und Wünsche Sie haben. Dies ist nicht immer einfach, weshalb Sie sich zuvor eventuell eine Liste von Fragen aufschreiben sollten. Sonst kann es passieren, dass der Hausarzt Ihnen etwas vorschlägt, was seiner Meinung nach gut für Sie ist, je nachdem welche Ursachen er persönlich für Ihr selbstverletzendes Verhalten annimmt.

Im August letzten Jahres bat ich das erste Mal um Hilfe. Ich war depressiv und dachte ständig daran, mich zu schneiden. Also schrieb ich meiner Hausärztin einen Brief. Sie schrieb zurück und bot ihre Hilfe an. Sie schlug mir einen Therapeuten vor und verschrieb mir Antidepressiva. ELAINE

Notaufnahmestation

Die Notaufnahmestation ist für gewöhnlich der Ort, an dem betroffene Frauen mit ihren Verletzungen Kontakt zu medizinischen Einrichtungen aufnehmen können. Wenn man Sie von dort weiterüberweist, so meistens auf eine psychiatrische Station. In der Notaufnahme werden normalerweise nur die

Verletzungen versorgt und die Frauen werden danach ohne eine Nachbetreuung nach Hause geschickt, solange die Ärzte nicht von »suizidalem Verhalten« ausgehen. Allerdings wird so manches, was Sie selbst für lebensbedrohlich halten, beim Personal einer Notaufnahmestation nicht das geringste Wimpernzucken hervorrufen.

Die totale Gleichgültigkeit, mit der man mir im Krankenhaus begegnete, war schockierend. Ich saß im Krankenwagen und hielt eine Rasierklinge in der Hand. Niemand nahm sie mir weg oder bemerkte sie überhaupt. Im Krankenhaus kontrollierte niemand meine Tasche. Ich hatte sechzig Rasierklingen und Tabletten bei mir. CHRISTINE

Viele betroffene Frauen fühlen sich in Notaufnahmestationen so schlecht behandelt, dass sie nur noch dahin gehen, wenn es absolut notwendig ist, und die Notaufnahme nach der Erstversorgung sofort wieder verlassen.

Die Fahrt zur Notaufnahme wurde in sich eine Art von Selbstverletzung. Die Haltung des Krankenhauspersonals mir gegenüber bestätigte mir, dass ich die niedrigste Lebensform sei, und verstärkte jede negative Einstellung, die ich je mir selbst gegenüber hatte.[1]

Wenn das Krankenhauspersonal allerdings den Eindruck bekommt, dass Sie selbstmordgefährdet sind, wird wahrscheinlich der diensthabende Psychiater hinzugezogen. Welche Behandlung Sie dann erhalten, hängt ganz davon ab, wie dieser Selbstverletzung interpretiert. Wie wir bereits gesehen haben, glauben die meisten Psychiater, dass Selbstverletzung von einer Geisteskrankheit herrührt oder ein Verhaltensmuster ist, um Aufmerksamkeit zu bekommen. Bei den meisten Frauen, die sich vorsätzlich verletzen, erfolgt die Überweisung zur stationären Behandlung auf dem Weg über die Notaufnahme.

Stationäre Behandlung

Die Qualität der stationären Behandlung hängt wiederum sehr davon ab, welcher Schule die Station und das Personal anhängen. Gloria Babiker und Lois Arnold beschreiben in ihrem Buch »*The Language of Injury*«, dass viele Frauen ins Krankenhaus gehen, weil sie einen echten Zufluchtsort suchen: einen Ort der Sicherheit, Hilfe und Erholung.[2] Leider ist genau das selten der Fall. Oft liegen Männer und Frauen gemeinsam auf einer Station. Auch wenn Sie es schaffen, auf eine reine Frauenstation zu kommen, so gibt es doch immer männliches Personal. Die reine Anwesenheit von Männern in solch einer Umgebung, seien es nun Patienten oder Ärzte und Pfleger, kann für manche Frauen zum Auslöser für Selbstverletzungen werden. Dies gilt vor allem für diejenigen Frauen, die in ihrer Kindheit sexuell missbraucht wurden. Im schlimmsten Fall können dadurch manche Aspekte des ursprünglichen Traumas verstärkt werden.

Eine Frau schildert sogar, dass sie im Krankenhaus sexuell belästigt wurde.

Die Anspannung stieg und ich wusste, dass ich mich schneiden würde. Ich ging zu einem Pfleger, um Hilfe zu bekommen. Die diensthabende Schwester hatte gerade Pause, es war also nur der Pfleger da. Ich erzählte ihm, wie es mir ging, und er schlug mir vor zu masturbieren, um die Spannung abzubauen. Ich war sprachlos, sofort hatte ich Bilder von den sexuellen Übergriffen in meiner Kindheit im Kopf. Ich dachte, mein Kopf würde explodieren. Ich verließ das Schwesternzimmer. Später an diesem Abend wachte ich auf. Der Pfleger stand über mich gebeugt und berührte meine Genitalien. Ann

Viele Frauen fühlen sich so hilflos und so sehr vom Krankenhauspersonal kontrolliert, dass ihre Frustration steigt und sich erneut nach innen richtet. Manche Frauen wurden dadurch sogar zu weiteren Selbstverletzungen getrieben.

Ich suchte auf dem Krankengelände nach Glas und schnitt mich schlimmer als je zuvor. Ich war wütend auf die Krankenschwestern, die Ärzte und auf mich selbst. Die Krankenschwestern verbanden meine Schnittwunden und waren sehr ungeduldig mit mir. PATRICIA

Durch die auf den meisten psychiatrischen Stationen herrschende Philosophie können die schmerzhaften Gefühle der selbstverletzenden Frauen noch verstärkt werden. Gloria Babiker und Lois Arnold beschreiben, dass die Frau dort als »krank« betrachtet wird und dass sie »gesund gemacht« werden soll. Eine sofortige, rein körperliche Behandlung (Medikamente) wird normalerweise gegen die emotionale Belastung eingesetzt. Die Frau wird in ihren Bewegungen und Entscheidungen kontrolliert und genau beobachtet, wodurch ihr die Eigenverantwortung genommen wird. Wenn sie nicht mitspielt, gilt sie als »böse« und als jemand, den man unter Kontrolle bringen muss.[3]

In einer Untersuchung wurden Pflegepersonal und Ärzte im Praktikum (AIP) gefragt, welche Patienten sie für die schwierigsten halten. Danach gehören Frauen, die sich selbst verletzen, zu den schwierigsten Patienten. Die Befragten gaben an, sich bei der Behandlung dieser Patienten hilflos zu fühlen und oftmals wütend und abweisend zu werden.

Für die anderen ist es sehr schwer, damit umzugehen. Meiner Erfahrung nach ignorieren die meisten, was passiert, denn es macht ihnen Angst und vielleicht erinnert es sie an ihre eigenen selbstzerstörerischen Tendenzen. CHRISTINA

Um mit ihrer Hilflosigkeit umzugehen, reduziert das Pflegepersonal die betroffenen Frauen häufig auf Begriffe wie »Schnibblerinnen«, wodurch sie eine Distanz zwischen sich und die Patientinnen legen. Durch diese Distanz schützen sie sich auf Kosten der Frauen. Die meisten Frauen können es spüren, wenn das Krankenhauspersonal ihnen feindlich gesinnt ist, und dadurch wächst das Gefühl, zurückgewiesen zu werden und entfremdet zu sein. Die angebotene stationäre »Behandlung« ähnelt oft eher einer Bestrafung und sorgt nicht für eine Steigerung des Selbstwertgefühls.

Außerdem wird das Krankenhauspersonal häufig angewiesen, Körperkontakt zu vermeiden, aus Angst, dass dies als aufdringlich empfunden wird oder auch fälschlicherweise als Missbrauch interpretiert werden könnte. Alle Menschen brauchen aber Trost, Verständnis, Rückhalt und Kontinuität in der Zuwendung, besonders wenn sie sich verletzlich fühlen und unter Belastung leiden. Im Krankenhaus sollte das Personal diese Rolle übernehmen.

Wenn ich mich selbst verletzte, wollte ich nicht, dass jemand die äußeren Anzeichen meiner inneren Verletzung sieht. Aber ich wollte Zuneigung und Zärtlichkeit, um mir zu beweisen, dass ich nicht unausstehlich und unsympathisch bin. DEE

Manche Ärzte und Therapeuten halten stationäre Behandlung für so problematisch, dass sie dies für Menschen mit selbstverletzendem Verhalten nicht empfehlen, sofern es sich nicht um eine besondere Station mit speziell ausgebildetem Personal handelt.[4]

Trotzdem bekommen manche Frauen im Krankenhaus die richtige Fürsorge und Unterstützung. Normalerweise hatten sie ein gutes Vertrauensverhältnis zu bestimmten Personen auf der Station aufgebaut.

Es gab eine Krankenschwester namens Jean, sie war okay. Ich konnte mit ihr reden. Einmal hatte sie Nachtschicht, und ich ging zu ihr und erzählte ihr, dass ich mich schneiden oder brennen möchte. Sie fragte, ob sie meine Hand und meinen Arm berühren dürfte. Ich sagte ja und sie hat mich einfach gestreichelt, ruhig, meine Hand und meinen Arm rauf und runter, rauf und runter. Sie sprach mit mir. Sie sagte, ich solle meine Augen schließen und mir einen chaotischen Ort vorstellen, voller Leute und Lärm. Dann sollte ich mir vorstellen, diesen Platz zu verlassen. Sie be-

schrieb einen Weg, der mich in meinen Gedanken zu einem ruhigen friedlichen Ort brachte. Ich konnte es nicht glauben, aber das Bedürfnis, mich zu schneiden, war verschwunden. Ich erzählte Michelle, einer anderen Krankenschwester, mit der ich mich verstand, was Jean gemacht hatte. Ich bat sie, dasselbe zu machen, wenn Jean keinen Dienst hatte. Es klappte nicht immer, aber je öfter ich es probierte, desto besser schien es zu funktionieren. Dann wurde mir klar, dass zum ersten Mal seit über zehn Jahren eine ganze Woche vergangen war, ohne dass ich mich geschnitten oder verbrannt hatte. SHEENA

Wenn mehr Krankenhauspersonal dazu ausgebildet würde, selbstverletzenden Frauen mit Verständnis und Mitgefühl zu begegnen, wäre ein Krankenhausaufenthalt eine größere Hilfe.

Teilstationäre Behandlung (Tagesklinik)/Betreuung durch den Sozialpsychiatrischen Dienst

Der Aufenthalt in einer psychiatrischen Klinik allein führt selten schon zu einer »Heilung«. Eine Nachbetreuung ist unbedingt notwendig, da sonst viele der Fortschritte, die Sie im Krankenhaus gemacht haben, nicht von langer Dauer sein werden.

Meine Entlassung wurde geplant, obwohl sie wussten, dass ich damit nicht einverstanden war. Ich fühlte mich unerwünscht und allein. Sie wollten mich nicht mehr im Krankenhaus haben. Ich habe kein Vertrauen zum örtlichen Sozialpsychiatrischen Dienst. Es gibt dort niemanden, an den ich mich wenden könnte. ELAINE

Nach der Entlassung sinkt die aufgewendete Betreuungszeit häufig dramatisch. Statt einer Betreuung rund um die Uhr kann es jetzt vielleicht nur noch sehr kurze Treffen geben.

Meine Einzelfallbetreuerin kam letzte Woche zu mir, aber sie blieb nur zwanzig Minuten. SHARON

In Deutschland sorgt der Sozialpsychiatrische Dienst der Gesundheitsämter für eine Nachbetreuung von psychisch kranken oder suizidgefährdeten Personen. Der Sozialpsychiatrische Dienst wird vom Stationsarzt nach Ihrer Entlassung informiert. Die dort beschäftigten Sozialarbeiter und Sozialpädagogen verfügen meistens über therapeutische Zusatzausbildungen. Je nach Ihrer Situation reichen die Angebote des Sozialpsychiatrischen Diensts von regelmäßigen Gesprächsterminen bis hin zu Einzelfallbetreuung und betreutem Wohnen für psychisch Kranke.

Weitere Möglichkeiten der Nachbehandlung sind die ambulante psychiatrische Betreuung durch einen Facharzt für Psychiatrie und Neurologie sowie der teilstationäre Aufenthalt in einer psychiatrischen Klinik. Bei einem teilstationären Aufenthalt gehen Sie von neun bis sechzehn Uhr in die Klinik, aber schlafen zu Hause. Daneben gibt es noch die poliklinische Behandlung, bei der Sie nur zu bestimmten Terminen ins Krankenhaus kommen.

Am Ende wurde beschlossen, dass ich einen Psychiater brauche. Wir beschäftigten uns nicht mit meiner Selbstverletzung, bis ich ihm über mein Trinken erzählte. Ich wurde auf die Station überwiesen und bekam mehr Tabletten. Aber als Tagespatientin sah ich meinen Psychiater öfter als bei der vollstationären Behandlung. ELAINE

Der Arzt, mit dem Sie am meisten zu tun haben, ist fast immer ein Arzt im Praktikum (AIP). In Großbritannien wechseln die Ärzte im Praktikum alle sechs Monate die Station. In Deutschland hingegen bleibt ein Arzt im Praktikum ein Jahr oder länger auf einer Station. Trotzdem kann es natürlich immer passieren, dass durch die Rotation ein Vertrauensverhältnis unterbrochen wird.

Ich bekam eine sechswöchige Elektrokrampftherapie, und plötzlich stellte eine neue Psychiaterin die richtigen Fragen und fand den Missbrauch heraus. Ich war lange Zeit bei ihr in Therapie. Dann passierte die Katastrophe – sie ging. Ich

fühlte mich wie jemand, der auf einer einsamen Insel ausgesetzt wurde. Ich hasste ihren Nachfolger, und die Magersucht und die Selbstverletzungen kamen mit Macht zurück.

SUSANNE

Es gab einfach zu viele Gesichter um mich herum. Ich bin ein zurückhaltender Mensch, der enge Beziehungen braucht. Sogar die Psychiater wechselten alle sechs Monate.

ELAINE

Bei dem Übergang von der psychiatrischen Klinik zurück zum normalen Leben gibt es häufig ein Betreuungsdefizit. Wenn die Nachbetreuung nicht richtig funktioniert, können Krankenhausaufenthalte einen Drehtüreffekt bekommen: Nach einer schweren Selbstverletzung kommen Sie in die Klinik, werden zusammengeflickt und für eine Weile »festgehalten«. Nach der unvermeidlichen Entlassung nach Hause müssen Sie selbst sehen, wie sie zurechtkommen. Eine weitere Gefahr im Zusammenhang mit psychiatrischen Kliniken ist das Risiko der Zwangseinweisung.

Zwangseinweisung

Sie können zwangseingewiesen werden, wenn vermutet wird, dass Sie eine Gefahr für sich selbst (Selbstmordgefahr) oder andere darstellen, oder dass Sie an einer Geisteskrankheit leiden. In Deutschland muss nach vierundzwanzig Stunden die Zwangsunterbringung auf Antrag des Sozialpsychiatrischen Diensts von einem Vormundschaftsrichter des Amtgerichts bestätigt werden. Bei einem weiteren zwangsweisen Aufenthalt muss innerhalb einer Woche ein endgültiger Beschluss gefällt werden. Dazu gibt es eine Anhörung in der Klinik, bei der Ärzte, Pfleger, Angehörige und natürlich auch Sie selbst befragt werden. Kommt der Richter zu der Überzeugung, dass die Zwangseinweisung nicht gerechtfertigt ist, werden Sie unverzüglich entlassen. Andernfalls kommt es nach sechs

Wochen (und danach in regelmäßigen Abständen) wieder zu einer Anhörung. Sie haben natürlich ein Widerspruchsrecht. Normalerweise dauert der Krankenhausaufenthalt nach einer Zwangseinweisung drei bis vier Tage, er kann aber auch einige Wochen und schlimmstenfalls mehrere Jahre dauern.[5]

Ein alternatives Modell der Behandlung im Krankenhaus

Es gibt in Europa ein Krankenhaus, das bei der Behandlung von Menschen, die sich mit Schneiden, Kratzen, Verbrennen und Verätzen selbst verletzen, einem ganz anderen Ansatz folgt.[6] Dort versteht man Selbstverletzung als ein Mittel, Spannung zu vermindern, und weiß um den Suchtcharakter dieses Verhaltens. Die Patienten werden nicht unbedingt in der psychiatrischen Abteilung behandelt, sondern eher in der Station, die ihren Verletzungen entspricht. Es gibt jedoch einen engen Austausch zwischen den Abteilungen. Die Verletzungen werden verbunden und versorgt, außerdem bekommen die Patienten Schmerzmittel. Eventuell werden auch Psychopharmaka verabreicht, um die Anspannung zur reduzieren, aber die Ärzte wissen sehr wohl, dass eine medikamentöse Behandlung nicht ausreicht. Stattdessen ist anerkannt, wie wichtig ein langdauerndes Vertrauensverhältnis zwischen Patienten und Klinikpersonal ist. Dieses System bietet sicherlich eine sehr sinnvolle Form der Behandlung.

Kapitel 4
Behandlungsformen

Keine ärztliche Behandlung darf ohne Ihre vorherige Einwilligung erfolgen. Dies gilt für jegliche Behandlung mit Medikamenten und für andere Behandlungsformen wie etwa die Elektrokrampftherapie (EKT). Auch für jede psychologische Therapie sollte Ihr Einverständnis eingeholt werden, nachdem Sie über alles informiert worden sind. Ein guter Arzt spricht mit Ihnen über die möglichen Behandlungsmethoden, was diese mit sich bringen und welche Nebenwirkungen es geben kann, damit sie vor Beginn der Behandlung wohl informiert Ihre Einwilligung geben können.

Bei einem akuten Notfall, bei dem entweder Gefahr für Leib und Leben oder für Dritte besteht, könnnen Sie zwangseingewiesen werden. Eventuell kann es auch zu einer Zwangsbehandlung kommen, die in einem ärztlichen Gutachten begründet und von einem Amtsrichter bestätigt werden muss.

Als Tyler wegen selbstverletzendem Verhalten »behandelt« wurde, bekam sie einmal gleichzeitig mehrere Medikamente verschrieben: täglich Doxepin (ein Antidepressivum), Valium (gegen Angstzustände), Thioridazin (der wichtigste Tranquilizer) und Chloralhydrat (ein Sedativum zum Einschlafen). Sie verletzte sich weiterhin regelmäßig und wurde ins Krankenhaus eingewiesen, wo sie eine Reihe von Elektrokrampftherapien bekam. Eine Woche nach der letzten »Behandlung« schnitt sie sich im Krankenhaus so tief ins Bein, dass sie mit mehr als fünfzig Stichen genäht werden musste. Sie wurde entlassen, nachdem der Psychiater nach einer Visite festgestellt hatte, dass sie sich der Behandlung nicht fügte! PFLEGEMUTTER

Physische Therapien

Medikamentöse Behandlung

Fast alle Frauen, die sich in ärztliche Behandlung begeben haben, haben irgendwann mindestens ein Medikament verschrieben bekommen. Manche Tabletten sind zwar hilfreicher als andere, aber insgesamt gibt es keinen Beweis dafür, dass die gegenwärtig erhältlichen Medikamente selbstverletzendes Verhalten dauerhaft in den Griff bekommen.

Auch solche Tabletten, die einen positiven Effekt haben, können nur eine kurzfristige Lösung darstellen, wenn die hinter dem selbstverletzenden Verhalten verborgenen Probleme nicht angegangen werden.

Du verstehst einfach nicht, wie schrecklich der Drang ist, mein Fleisch aufzuschlitzen. Inzwischen hört er gar nicht mehr auf. Früher habe ich mich geschnitten, um die Kontrolle über mich selbst zu behalten, aber jetzt habe ich das Gefühl, dass der Drang zu schneiden mich beherrscht. Jetzt hält die Erleichterung nach dem Schneiden nicht lange an. Der Drang kommt sehr schnell wieder. Ich weiß, dass die Tabletten nur ein kurzfristiges Mittel gegen den permanenten Drang sind, aber ich brauche trotzdem etwas. DEBBIE

Alle Tabletten haben zudem Nebenwirkungen, die zum Teil sehr unangenehm sein können.

Wenn Sie sich von Ihrem Körper entfremdet fühlen, so kann eine langfristige Einnahme von Medikamenten diese Empfindung durch die chemikalische Verzerrung der Wahrnehmung noch verstärken. Sie können sich müde fühlen, obwohl Sie die ganze Nacht geschlafen haben. Sie nehmen die Signale Ihres Körpers nur durch einen Drogennebel wahr. Vielleicht ist das genau das, was Sie wollen. Aber auf lange Sicht verhindert diese Behandlung, dass Sie die Signale Ihres Körpers bei Verzweiflung, Müdigkeit, Hunger und Durst erkennen lernen. Auch ihre Emotionen werden gedämpft.

Sie sagten, ich sähe viel »besser« aus, wenn ich Neuroleptika nehme, aber für mich sah die Realität ganz anders aus. Die Wirkung, zum Beispiel das Abstumpfen der Gefühle, machte es sogar leichter, mich selbst zu verletzen, denn der Schmerz und die Angst waren betäubt.[1]

Durch die Medikamente kann es noch schwieriger werden, die eigenen Gefühle zu erkennen, zu verstehen und mitzuteilen. Oft geht es dadurch aber Ihrer Umwelt besser, unter anderem weil die Tabletten jeden Versuch ersticken, ihre wahren Gefühle mitzuteilen.

Täglich geben sie mir jede Menge Tabletten, durch die es mir besser gehen soll. Sie glauben, dass es mir besser geht, weil ich aufgehört habe, mich aufzuschlitzen, aber innerlich geht es mir schlechter. Aber ich bleibe ruhig. Ich sitze still da, fühle mich innerlich wie tot, schaue mit leblosen leeren Augen umher, ohne irgendetwas wirklich zu sehen, ohne die Energie, irgendetwas wahrzunehmen. Merkwürdig distanziert, nichts hat eine Bedeutung. Sogar die Schreie in meinem Kopf sind stumm. Ich bin passiv geworden und akzeptiere das als mein Leben. Es ist absurd: Ich nehme Tabletten, von denen ich mich wie tot fühle, damit ich am Leben bleibe. TYLER

Elektrokrampftherapie (EKT)

Wenn eine Frau auf die Medikamente nicht anspricht, dann ziehen Ärzte, die selbstverletzendes Verhalten für ein Symptom schwerer Depression halten, möglicherweise eine Elektrokrampftherapie in Erwägung. Unter Psychiatern gilt die Elektrokrampftherapie (EKT) immer noch als eine effektive und sinnvolle Art der Behandlung, auch wenn nicht bekannt ist, was dabei im Gehirn genau vor sich geht. Bei einer EKT werden Elektroden am Kopf befestigt, durch die kurze Stromstöße gesendet werden, so dass ein Krampfanfall ausgelöst wird. Zuvor bekommt der Patient eine Vollnarkose und ein Präparat zur Muskelentspannung, damit es nicht zu Knochenbrüchen kommt.

Eine Behandlungseinheit besteht normalerweise aus zwei künstlichen Krampfanfällen pro Woche über einen Zeitraum von ungefähr sechs Wochen hinweg. Es gibt allerdings keinen Beweis für den Erfolg der EKT bei selbstverletzendem Verhalten, und jede eintretende Verbesserung scheint nur von kurzer Dauer zu sein. Genau wie bei der medikamentösen Behandlung werden lediglich die Symptome behandelt, ohne dass nach den Ursachen geforscht wird. Zudem kommt es zu Nebenwirkungen wie Verwirrtheit und Gedächtnisverlust, die vorübergehend sein sollen. In Wirklichkeit können sie aber über Wochen und Monate anhalten und sogar zum Dauerzustand werden.

Ich bin so durcheinander, weiß nicht, was ich gerade mache, was ich will und was ich brauche – ist das überhaupt dasselbe? Sind Tabletten die Lösung? Sie verschleiern die Symptome, sie betäuben mein Hirn, sie bringen keine Heilung, aber ich nehme sie, um durch den Tag zu kommen. Wenn es zu viel wird, gehe ich ins Krankenhaus. Ich lasse mich sogar mit Elektroschocks behandeln, weil ich verzweifelt darauf hoffe, dass so die Gefühle vertrieben werden, gegen die die Tabletten nichts ausrichten können. Manchmal scheint es, als ob sie mich innerlich verletzen würden, damit ich mich nicht mehr äußerlich verletze – ich bin einfach total verwirrt.

TYLER

Erfahrungen von Frauen in der Psychiatrie

Maggie Ross, ein Opfer von Selbstverletzung, sexuellem Missbrauch und psychiatrischer Behandlung *(Hervorhebung durch die Autorinnen) ... eine der Gründerinnen des Bristol Crisis Service for Women ... Mitkämpferin ... starb in ihrem Kampf ... aber sie wusste, dass es ein Sieg für uns alle ist, wann immer eine Frau es schafft, ihre Gefühle zu artikulieren. Sie wusste, dass jede Zwangseinweisung ein Ar-*

mutszeugnis für unsere Gesellschaft darstellt und nichts über die geistige Gesundheit der Betroffenen aussagt.[2]

Die Frauen, mit denen wir gesprochen haben, waren insgesamt sehr unzufrieden mit ihren Erfahrungen in der Psychiatrie. Die britische Regierung ist sich der Problematik bewusst und hat kürzlich festgestellt, »dass Leute, die in der Psychiatrie arbeiten, eine Zusatzausbildung brauchen, um mit dem Phänomen vorsätzlicher Selbstverletzung umzugehen«.[3] Allerdings beschränkt sich die Unzufriedenheit mit psychiatrischen Einrichtungen nicht nur auf den Umgang mit Selbstverletzung. Auch Frauen, die aus anderen Gründen mit der Psychiatrie zu tun hatten, waren damit nicht zufrieden.[4] Manche Frauen haben wiederholt schlechte Erfahrungen gemacht. Wenn eine Behandlung nach der andern scheitert, beschreiben die Betroffenen, stellt sich Hoffnungslosigkeit ein, und sie fühlen sich mehr und mehr wie ein unheilbarer Fall.

Zum Beispiel Theresa:

15 Jahre – ihre Eltern brachten sie zum Hausarzt, Überweisung an einen Psychiater, Einweisung ins Krankenhaus, erhielt Aversionstherapie (!)
16 Jahre – bekam Tranquilizer
18 Jahre – Notaufnahme, bekam Largactil und Elektrokrampftherapie
20 Jahre – Überweisung zur Hypnotherapie, sechs Monate später in die geschlossene Abteilung
21 Jahre – verweigerte die Behandlung, nahm eine Überdosis Tabletten, sechs Monate Aufenthalt in einer Nervenklinik
26 Jahre – bekam weitere Medikamente, MAO-Hemmer, Lithium und Melleril (Thioridazin)
36 Jahre – bekam wieder Tabletten verschrieben
38 Jahre alt – wird an einen klinischen Psychologen überwiesen, der sie für emotional bereits zu geschädigt hielt, um ihr helfen zu können

Unter Frauen mehren sich die Stimmen, die einen anderen Umgang mit selbstverletzendem Verhalten fordern. In jüngerer Zeit gibt es eine wachsende Zahl von Konferenzen, die sich mit dem Thema Selbstverletzung in psychiatrischen Einrichtungen und in Gefängnissen beschäftigen. Dies spiegelt die Tatsache wieder, dass unter Ärzten und Therapeuten das Bewusstsein dafür wächst, dass auch sie genauer über die Komplexität der Problematik nachdenken müssen. Auf vielen Konferenzen wurde festgestellt, dass konventionelle Behandlungsmethoden nicht so effektiv sind, wie sie sein könnten.

Psychologische Therapien

Es gibt zwar keine ganz trennscharfe Unterscheidung zwischen psychiatrischer und psychologischer Behandlung, aber die überwältigende Mehrheit der Patienten in nervenärztlicher Behandlung wünscht sich mehr therapeutische Gesprächsangebote. Das geht vom einfachen Zuhören bis hin zur richtigen Psychotherapie. In einer von der *Mental Health Foundation* in Auftrag gegebenen britischen Studie haben die Verfasser (bei denen es sich übrigens durchweg um ehemalige Patientinnen und Patienten handelte) darauf hingewiesen, dass die Patienten als die besten Experten für ihre Probleme angesehen werden sollten.[5] Die Studie empfiehlt einen ganzheitlicheren Zugang, mit Schwerpunkt auf den Fragen: Was funktioniert, steht allen zur Verfügung und bietet trotzdem individuelle Lösungen? Mit Nachdruck fordern die Verfasser therapeutische Gesprächsangebote. Laut Studie finden 88 % der Befragten therapeutische Gespräche wesentlich hilfreicher als rein körperbezogene Behandlungen, zum Beispiel Tabletten und Elektrokrampftherapie.

Es muss allerdings gesagt werden, dass der Erfolg von Gesprächstherapien ganz wesentlich vom Therapeuten bzw. der Therapeutin, deren Ansatz und der Beziehung zur Patientin abhängt. Dee führte 1992 eine kleine Befragung unter fünfundzwanzig Frauen durch und musste leider feststellen, dass die meisten Befragten keine positive Erfahrungen mit Beratung, Gruppentherapie und Psychotherapie gemacht hatten.

Ein gutes Verhältnis zwischen Patientin und Therapeut muss von Anfang an aufgebaut werden. Wenn Sie den Eindruck haben, dass der Therapeut oder die Therapeutin Ihnen nicht zuhört oder das Problem Selbstverletzung nicht ansprechen möchte, müssen Sie dies mit ihm oder ihr diskutieren. Notfalls müssen Sie zu einem anderen Therapeuten wechseln, der Ihnen dabei hilft, Ihr Seelenleben in Worte zu fassen.

Ich fand sowohl die Ärzte als auch die Psychiater sehr desinteressiert und wenig einfühlsam. Meine Therapeutin ist zwar verständnisvoll, aber auch ihr fällt das Zuhören sehr schwer, wenn ich darüber rede, was ich gemacht habe oder was ich machen wollte. CHRISSIE

Der theoretische Ansatz eines Therapeuten bestimmt den Verlauf der Therapie und die Bedeutung, die dem selbstverletzenden Verhalten gegeben wird. Im folgenden Abschnitt beschreiben wir eine Auswahl der derzeit gebräuchlichsten Therapieformen.

Verhaltenstherapie

Manche Frauen, die sich selbst verletzen, werden an einen Verhaltenstherapeuten verwiesen. Dort sollen sie lernen, mit welchen Verhaltenstechniken man versuchen kann, selbstverletzendes Verhalten zu beenden. Dahinter steht die Idee, dass nur solches Verhalten wiederholt wird, für das man eine Belohnung bekommt. Deshalb versucht man herauszufinden, welche Vorteile eine Verhaltensweise mit sich bringt. Eine Veränderung wird erreicht, indem man nach anderen Möglichkeiten sucht, die Belohnung zu erhalten, oder indem man verhindert, dass diese Belohnung durch ein bestimmtes Verhalten erreicht wird. Diese Techniken zielen allerdings nur darauf, eine Verhaltensweise zu beenden, ohne sich um deren tatsächliche Ursachen zu kümmern.

Leider gibt es Verhaltenstherapeuten, die sich komplexen Problemen mit einer sehr einfachen Herangehensweise nähern. Eine dieser Techniken ist das so genannte »Anhalten des Gedankenflusses«: Dabei befiehlt man sich selbst, aufzuhören und sich vor seinem geistigen Auge ein Stoppschild vorzustellen, sobald sich das Bedürfnis nach Selbstverletzung meldet. Solche simplen Techniken sind wenig dazu geeignet, der Verhaltenstherapie Vertrauen, Respekt und Glaubwürdigkeit einzubringen. Dies gilt vor allem, wenn lediglich diese Technik eingesetzt wird, ohne mitfühlendes Verständnis für die möglichen Wurzeln des selbstverletzenden Verhaltens. Manche Frauen empfinden diese Techniken sogar als beleidigend.

Wahrscheinlicher wird Ihnen aber ein Programm angeboten, bei dem Sie sich mit den Faktoren auseinander setzen müssen, die zu dem Bedürfnis nach Selbstverletzung geführt haben, sowie mit den direkten Folgen davon. Danach können Sie versuchen, die Abfolge von Ereignissen zu verändern, die zur Selbstverletzung führen. Dazu müssen Sie ein sehr genaues Tagebuch führen, um all Ihre Gedanken, Gefühle und Verhaltensweisen vor, während und nach einer Selbstverletzung aufzuschreiben. Aus diesen Aufzeichnungen lässt sich ein persönlicher Kreislauf von Verhaltensweisen ableiten, und Sie werden Punkte erkennen, an denen der Kreislauf unterbrochen werden kann.

Zur Verdeutlichung zeigen wir den Kreislauf von Lucys Verhalten:

Lucys Teufelskreis

Irgendein Ereignis, durch das sie sich zurückgewiesen fühlt

↓

(1) Sie fühlt sich unerwünscht und nicht liebenswert, ist verletzt und wütend, erinnert sich an all die anderen Zusammenhänge (Menschen und Situationen), in denen sie sich so fühlte

↓

(2) Die Spannung wird unerträglich

↓

Bedürfnis, die Spannung zu verringern

↓

Sie weiß, dass Schneiden in der Vergangenheit geholfen hat

↓

↓

↓

Sucht nach Gründen, um sich vom Schneiden abzuhalten; währenddessen kann sie an nichts anderes mehr denken als an den Drang nach Selbstverletzung

←

(3) Verlässt die Wohnung und kauft neue Rasierklingen und Verbandsmull

Sorgt dafür, dass sie ungestört ist

↑

Verletzt sich selbst

↑

Fühlt sich ruhiger

↑

Fühlt sich wiederum in ihrem Glauben bestätigt, dass Schneiden hilft

→ (zurück zu: Sie weiß, dass Schneiden in der Vergangenheit geholfen hat)

Wenn man sich Lucys Kreislauf betrachtet, so gibt es mehrere Punkte, an denen ein Verhaltenstherapeut Vorschläge machen könnte. Zum Beispiel könnte Lucy den Kreislauf der negativen Gedanken anhalten, indem sie jemanden anruft, sobald solche Gedanken einsetzen, oder indem sie andere Möglichkeiten sucht, die Anspannung loszuwerden. Sie könnte es auch vermeiden, allein zu sein oder die Dinge zu kaufen, die sie zur Selbstverletzung braucht. Es handelt sich um ein vereinfachtes Beispiel, das eine Vorstellung davon vermitteln soll, wie eine Verhaltenstherapie funktioniert.

Die abweisenden und strafenden Anteile des Therapeuten können bei der Verhaltenstherapie verstärkt werden, weil dabei Kontrolle und Macht über das Verhalten von anderen Menschen im Vordergrund stehen. Dies muss nicht notwendigerweise eintreten, kann aber ein ungewolltes »Nebenprodukt« sein.

Durch eine differenzierte Form der Verhaltenstherapie können die Verhaltensmuster des selbstverletzenden Verhaltens geändert werden, aber die Ursachen und die Bedeutung der Selbstverletzung bleiben unangetastet. Eine möglicherweise vorhandene Traumatisierung wird hierbei höchstwahrscheinlich nicht angegangen. Trotzdem kann das Erlernen neuer Verhaltensweisen für betroffene Frauen durchaus sinnvoll sein. In Einzelfällen ist es manchmal nicht wichtig, das Trauma zu diskutieren oder zu verarbeiten, aber es ist sehr wichtig zu lernen, wie sich eine Selbstverletzung vermeiden lässt. Wenn dies auf Sie zutrifft, kann eine Verhaltenstherapie genau das sein, wonach Sie suchen. Andere Frauen haben die Erfahrung gemacht, dass Verhaltenstherapie nur für eine kurze Zeit hilft oder dass das selbstverletzende Verhalten durch etwas anderes ersetzt wird, beispielsweise eine Ess-Störung oder Probleme im Umgang mit Alkohol. Ihrer Erfahrung nach führt nur die Auseinandersetzung mit dem ursprünglichen Trauma zu einer echten Reduzierung des seelischen Schmerzes.

Traumazentrierte Therapie

Manche Therapeuten glauben, dass eine Frau kein Bedürfnis nach Selbstverletzung mehr hat, wenn das Trauma durchgearbeitet worden ist und in den Erfahrungsschatz der Frau integriert worden ist. Diese Form des therapeutischen Ansatzes sorgt für ein respektvolles, bestätigendes, positives und unterstützendes Verhältnis zur Patientin. Die Frau gilt nicht als »krank«, sondern als ein Mensch, dessen Leben durch ein unerträglich belastendes Ereignis geprägt worden ist.

Meine Therapeutin hat sich nicht von mir manipulieren lassen, was ganz wichtig ist. Sie hat deutlich gemacht, dass sie nicht mich als Person missbilligt, sondern mein Handeln.

CHRISSIE

Eine solche Therapie soll betroffenen Frauen helfen, sich den Gedanken und Gefühlen anzunähern, die mit dem Trauma verknüpft sind. Das sind aber genau jene Gedanken und Gefühle, denen sie bisher immer ausgewichen sind, wobei Selbstverletzung häufig das Mittel zu diesem Ausweichen war. Wenn Sie sich auf dieses Unterfangen einlassen, werden Sie sich mit vielen schwierigen und schmerzhaften Gefühlen konfrontiert sehen, die Sie all die Jahre verdrängen mussten. Deshalb ist es wichtig, dass Sie sich in dem Verhältnis zur Therapeutin sicher fühlen und auch von Familie und Freunden ein gewisses Maß an Unterstützung erfahren. Es ist Ziel einer solchen Therapie, die früheren traumatischen Erlebnisse aufzulösen und wieder Kontrolle über die eigenen Gefühle zu gewinnen, ohne zu Selbstverletzung oder anderen spannungsreduzierenden Verhaltensweisen greifen zu müssen. Traumatherapie geht davon aus, dass man das Trauma umso leichter in das eigene Selbstverständnis integrieren kann, je mehr man über das Trauma und seine Auswirkungen weiß. Wenn man es erst einmal eingestanden und aufgenommen hat, hört auch der psychische Druck auf, den man früher um jeden Preis vermeiden musste, um überleben zu können.

Spezialtherapie für Frauen, die sich selbst verletzen (Das Bristol-Modell)

Diese Therapie hat viel mit der Traumatherapie gemeinsam, aber das Thema Selbstverletzung nimmt einen wesentlich zentraleren Raum ein und wird konkreter angesprochen. Ausgangspunkt ist die These, dass selbstverletzendes Verhalten »ein Instrument ist, das wichtige psychologische Funktionen erfüllt«.[7] Bei dieser Herangehensweise versucht der Therapeut oder die Therapeutin in keiner Weise, die Frau dazu zu bewegen, sich nicht mehr selbst zu verletzen. Er oder sie konzentriert sich hingegen darauf, die Bedeutung des selbstverletzenden Verhaltens für die Patientin zu verstehen, und muss dieses Verständnis dann dazu einsetzen, ihr zu helfen, die hinter dem Verhalten verborgenen Gefühle zu verstehen und auszudrücken. Dadurch können neue Wege der Problemlösung gefunden werden. Der oder die Therapierende muss sich auch sorgfältig auf mögliche eigene unangenehme Gefühle oder Abwehrreaktionen auf das selbstverletzende Verhalten einstellen, denn »die Vorurteile, Ansichten und idealistischen Meinungen der Therapeuten beeinflussen das Ergebnis der Therapie viel stärker als die angewandten Methoden«.[8] Wenn Sie sich also für diese Therapieform entscheiden, wird die Therapeutin oder der Therapeut Sie nicht dazu auffordern, sich nicht mehr selbst zu verletzen. Stattdessen wird sie oder er versuchen, Ihnen beim Verstehen und Ausdrücken der verborgenen Gefühle zu helfen und auch alternative Möglichkeiten der Stressbewältigung in Betracht zu ziehen.

Selbstverletzendes Verhalten wird hier als Mittel gesehen, mit schmerzhaften Erfahrungen umzugehen, und darum konzentriert sich die Therapie hauptsächlich auf die Erforschung dieses versteckten Geschehens. In der Therapie soll die Verbindung zwischen dem selbstverletzenden Verhalten und dem verursachenden Trauma aufgedeckt werden. Der Therapeut oder die Therapeutin beschäftigt sich auch mit dem sozialen und politischen Kontext, in dem Sie leben, was dies für Ihre Erfahrung bedeutet und wie es Ihnen helfen kann, Ihr Verhalten zu verstehen.

Er oder sie hilft Ihnen, eine Verbindung herzustellen zwischen den Dingen, die Ihnen passiert sind, und den Gefühlen, die damit verbunden sind. Man nimmt an, dass es schwieriger wird, sich selbst zu verletzen, sobald ein Mensch das volle Ausmaß seiner Qual versteht und sagen kann »So fühle ich mich«, »Das ist mir geschehen«, und »Das ist ein Teil von mir«.[9]

Dialektisch-Behaviorale Therapie

Bei der Dialektisch-Behavioralen Therapie handelt es sich um eine von Marsha Linehan entwickelte Therapieform für Menschen, die an einer Borderline-Persönlichkeitsstörung leiden. Frauen, die sich selbst verletzen, erhalten häufig diese Diagnose. Nach Marsha Linehans Auffassung haben Frauen mit einer Borderline-Persönlichkeitsstörung eine biologische (angeborene) Disposition dazu, den Umgang mit ihren Gefühlen problematisch zu finden. Marsha Linehan hat den Begriff der »entwertenden Umgebung« geprägt, womit eine Umgebung gemeint ist, in der ein Mensch mit seinen Gedanken, Vorstellungen, Gefühlen und Empfindungen auf unpassende, wechselhafte oder gefühllose Reaktionen trifft. Lebt eine Frau mit der genannten Disposition in so einem Umfeld, wird sie sehr große Schwierigkeiten haben, ihre Reaktionen zu kontrollieren.

Bei der Dialektisch-Behavioralen Therapie gibt es eine genau festgelegte Reihenfolge der einzelnen therapeutischen Ziele. Die wichtigsten Ziele sind: das selbstverletzende Verhalten und andere risikoreiche Verhaltensweisen zu beenden, alle inneren Blockaden gegenüber der Therapie aus dem Weg zu räumen und dann die Verhaltensweisen zu verändern, die bisher eine einigermaßen gute Lebensqualität unmöglich machten. Bei diesem Therapieprogramm wird man nur aufgenommen, wenn man bereit ist, mit dem selbstverletzenden Verhalten aufzuhören. Allerdings wissen die meisten Therapeuten, die nach diesem Modell arbeiten, wie schwer dies nach vielen Jahren der Selbstverletzung sein kann. Die Patientinnen erlernen verschiedene Techniken, um mit ihrem Stress und Kummer umzugehen. Der Therapeut oder die Therapeutin soll Sie dabei unterstützen.

Die Einzelsitzungen finden einmal in der Woche statt; zudem bekommen Sie die Telefonnummer des Therapeuten, falls es zwischen den Sitzungen zu einer akuten Krise kommt. Von Anfang an bemüht sich der Therapeut oder die Therapeutin, eine starke und positive Verbindung zu Ihnen herzustellen. Der zentrale Wert einer solchen echten, annehmenden und fürsorglichen Beziehung ist wie bei anderen Therapieformen auch völlig unbestritten. Ähnlich wie bei der weiter oben beschriebenen verhaltenstherapeutischen Arbeit ist anfangs der Hauptzweck der Sitzungen, jedes problematische Ereignis in allen Einzelheiten zu untersuchen und alternative Lösungen zu finden.

Außerdem nehmen Sie an einer wöchentlichen Gruppensitzung teil, wo bestimmte Fertigkeiten trainiert werden sollen. Diese Techniken können in schwierigen Situationen eingesetzt werden und sollen helfen, die Lebensqualität zu verbessern. Das Stufenprogramm umfasst folgende Punkte: erstens Strategien zum Überwinden von Krisen, wie etwa Ablenkung, Selbstberuhigung, Achtsamkeit, bewusstes Wahrnehmen des Augenblicks. Weiterhin geht es um die Verminderung der Verletzlichkeit durch negative Gefühle mittels ausgeglichener Lebensweise, Behandlung körperlicher Erkrankungen, gesunder Ernährung, Vermeidung von stimmungsverändernden Drogen und Medikamenten, ausreichend Schlaf und sportlicher Betätigung. Der dritte Punkt ist der Aufbau des Selbstwertgefühls, indem man versucht, jeden Tag ein Erfolgserlebnis zu haben, bei dem man das Gefühl bekommt, kompetent zu sein und die Sache im Griff zu haben. Ein Angehöriger oder eine Freundin soll die Techniken auch erlernen, damit er oder sie Ihnen in einer akuten Krise beistehen kann.

Am Anfang liegt der Schwerpunkt sowohl in der Gruppenarbeit als auch bei den Einzelsitzungen auf dem Erlernen der Techniken. Sobald Sie sich besser beherrschen können und ohne Rückgriff auf selbstverletzendes Verhalten mit emotionalen Krisen umgehen können, konzentriert sich die Arbeit in den Einzelsitzungen stärker auf Ihre Traumatisierung. Wenn Sie die praktischen Bewältigungsstrategien beherrschen, können Sie sich einer Unterstützungsgruppe anschließen.

Im Vergleich zu konventionellen Behandlungen mit Medikamenten oder weniger spezifischen Psychotherapien melden Forschungsergebnisse gute Ergebnisse bei Frauen, die dieses Programm durchlaufen haben. Viele Frauen fanden diesen mehrgleisigen Ansatz sehr hilfreich, denn sie haben durch die anderen Teilnehmer der Gruppensitzungen sehr viel Unterstützung erfahren. Außerdem haben sie beachtliche Fortschritte erzielt, der sich nicht nur auf das Beenden des selbstverletzenden Verhaltens beschränkt, sondern auch den Umgang mit anderen Aspekten ihres Lebens einschließt. Allerdings gibt es auch Frauen, die mit dem bei Beginn aufgestellten Gebot, sich nicht mehr selbst zu verletzen, nicht zurechtgekommen sind, und andere haben wiederum gar nicht erst mit dem Programm angefangen, weil sie sich von dem Therapieprogramm zu sehr kontrolliert fühlten. Leider sahen sich einige Frauen nicht in der Lage, das Programm zu absolvieren, weil sie niemanden hatten, der ihnen als Angehöriger oder Freundin hätte beistehen können. Das ist bedauerlich, denn natürlich kann man die Therapie auch ohne einen persönlichen Beistand durchlaufen.

Alles in allem fühlen sich Frauen, die dieses Programm durchlaufen haben, gestärkt, sie haben ihr Leben besser im Griff und ihre Lebensqualität ist gestiegen.

Zuerst konnte ich mir nicht vorstellen, dass ich es durchhalten könnte – es wirkte alles so streng strukturiert. Aber ich war verzweifelt, und es schien meine letzte Rettung zu sein. Ich hatte panische Angst vor der Gruppe. Ich dachte, ich müsste jedem alles von mir erzählen, aber das stimmte nicht. Ich freundete mich mit einigen aus der Gruppe an, und sie verstanden meine Gefühle, da sie etwas Ähnliches erlebt hatten. Am Anfang hatte ich keinen, der mich unterstützte, aber einer anderen Frau in der Gruppe ging es genauso, und wir beschlossen, uns gegenseitig beizustehen. Es war nicht leicht, aber es war die Sache wert. Ich kann die Techniken fast jeden Tag gebrauchen. Im letzten Jahr habe ich mich nur zwei Mal selbst verletzt. SUE

Familientherapie

Wenn man bedenkt, wie viele Selbstverletzungen nachweislich durch Beziehungsprobleme ausgelöst wurden, ist es erstaunlich, dass ein systemischerer Ansatz, in dem auch das soziale Umfeld der Frau eine Rolle spielt, bei der Behandlung so wenig Beachtung findet.

Ich glaubte, meine Gefühle vor meiner Mama verstecken zu müssen. Deshalb weinte ich nie und zeigte meine Gefühle nicht vor ihr. Ich wünschte mir trotzdem verzweifelt eine Mutter und hängte mich an andere Frauen, die ich für gute Mütter hielt. Es war sehr schmerzlich, wenn so eine Freundschaft aufhörte oder wenn ich weggestoßen wurde, weil ich zu viel verlangte. STACEY

Selbstverletzung findet fast ausschließlich im Verborgenen statt, und die Frauen bemühen sich meistens sehr darum, die Familie, und besonders die Kinder, nicht darunter leiden zu lassen. Trotzdem werden die Familienmitglieder sehr wahrscheinlich hineingezogen, zumindest indirekt durch den Kummer der Frau, und sie haben möglicherweise ein gewisse Ahnung davon, wie diese damit umgeht.

Wenn Sie glauben, dass dies auf Ihre Situation zutrifft, kann eine Familientherapie helfen. Ihre Familienmitglieder werden besser für Ihre Lage sensibilisiert und können Ihnen dann vielleicht helfend zur Seite stehen. Vielleicht haben Sie auch große Angst, dass Sie Ihre »schlechten Angewohnheiten« an Ihre Kinder weitergeben könnten. Sie fressen deshalb möglicherweise Ihre Gefühle in sich hinein, obwohl sie wissen, dass Sie Ihre Gefühle besser ausdrücken sollten. Für Kinder wird es problematisch, Gefühle auszudrücken, wenn die eigene Mutter so offensichtliche Schwierigkeiten damit hat. So kann der falsche Eindruck entstehen, dass Gefühle Angst machen und unheimlich sind und dass man sie besser vermeiden sollte. Auch wenn Sie selbst in einer intensiven Einzeltherapie sind, kann es beruhigend sein, zusammen mit dem Partner und den Kindern (sofern vorhanden) therapeutisch zu arbeiten. In diesem Rahmen können Sie Ihre neu erlernten Techniken für sich ausprobieren, um speziell Ihren Kindern das Gefühl zu vermitteln, dass es Ihnen gut geht und Sie mit Ihren Gefühlen umgehen können. Oder Sie können den Menschen, die Ihnen wichtig sind, Ihre Geschichte erzählen oder diejenigen Menschen, die Sie schätzen und unterstützen, um besondere Hilfe bitten.

Wenn Sie mit Ihrer Familie bestimmte Dinge besprechen, bekommen auch die anderen Familienmitglieder die Möglichkeit, über ihre Sorgen zu reden. Sie sprechen vielleicht darüber, dass sie Angst um Sie haben, dass sie sich eine Verbesserung der Situation wünschen, dass sie nicht wissen, was sie machen sollen, oder einfach darüber, wie viel sie bereits wissen. Kinder wissen oft wesentlich mehr über das selbstverletzende Verhalten ihrer Mutter, als diese annimmt. Sie können die Situation auch für wesentlich dramatischer gehalten haben. So können kleine Kinder mit großer Wahrscheinlichkeit nicht unterscheiden, ob Schnitte harmlos sind oder ob eine Selbsttötungsabsicht dahinter steckt. Nur ein sehr erfahrener Partner oder geschultes Pflegepersonal kann diesen Unterschied feststellen.

Wie findet man die richtige Therapie?

Wenn Sie nach einem Therapeuten oder einer Therapeutin suchen, so muss er oder sie nicht unbedingt auf die Arbeit mit selbstverletzenden Frauen spezialisiert sein. Das Wichtigste ist, dass Sie jemanden finden, mit dem Sie zurechtkommen, der Sie versteht, jemand, zu dem Sie Vertrauen entwickeln können. Es hat sich immer wieder gezeigt, dass die Beziehung zwischen Therapeut (bzw. Therapeutin) und Patientin den größten Einfluss darauf hat, ob sich etwas verändert, egal, um welche Art der Gesprächstherapie es sich handelt.

Ich will jemanden, mit dem ich sprechen kann, der mich wie ein Mensch behandelt und mir das Gefühl gibt, dass sich jemand um mich kümmert. Ich brauche Hilfe, um mich selbst zu verstehen und mein Leben in den Griff zu kriegen. Ich möchte aufhören, mich selbst zu verletzen, ich möchte andere Wege lernen, mit Problemen umzugehen. Ich möchte nicht mehr das Gefühl haben, mich für mich selbst schämen zu müssen, mich für das schämen zu müssen, was ich mache, um seelisch zu überleben. LUCY

Dennoch glauben Sie möglicherweise, dass bestimmte therapeutische Ansätze Ihnen und Ihrer Situation eher entsprechen als andere. Wenn Sie also eine bestimmte Therapieform bevorzugen, sollten Sie das im Gespräch mit Ihrem Hausarzt ansprechen.

Es sieht oft so aus, als ob man auf die Wahl eines Therapeuten wenig Einfluss hätte, vor allem, wenn man lange auf einer Warteliste gestanden hat. Sie werden aber kaum eine vertrauensvolle Beziehung aufbauen können, in der Sie Ihre Gefühle entdecken, wenn Sie sich bei Ihrem Therapeuten unwohl oder nicht sicher fühlen. Hierbei spielt es keine Rolle, um welche Methode es sich handelt. Nicht jede therapeutisch ausgebildete Person kann den richtigen Rahmen für eine gute Beziehung zwischen sich und der Patientin herstellen. Michelle Webster hat über seelischen Missbrauch in Therapien geschrieben.[10] Sie versteht darunter, dass »(der Therapeut) seelisch nicht für die Patienten da ist«. Wenn Sie diesen Eindruck gewinnen und die Therapie trotzdem fortsetzen, wird sich Ihre Situation kaum verbessern. Im schlimmsten Fall kann die Therapie sogar weiteren Schaden anrichten.

Wichtig ist, dass Sie das Gefühl haben, über Ihr selbstverletzendes Verhalten sprechen zu können. Manchmal kommen die Widerstände auch von Seiten des Therapeuten, den das Thema verunsichert und der Ihnen indirekt zu verstehen gibt, dass er darüber nicht reden möchte.

Ich war dreiundzwanzig, als ich damit anfing. Nur mein Mann und eine Frau vom Sozialpsychiatrischen Dienst wussten davon, und – glauben Sie mir – sie haben mir nie erlaubt, darüber zu reden. ROWENA

Sie müssen in Ihrer Therapie unbedingt erzählen, dass Sie sich selbst verletzen. Am Besten finden Sie noch vor Beginn der Therapie heraus, ob Ihr Therapeut oder Ihre Therapeutin damit umgehen kann. Wenn Sie nicht darüber sprechen wollen, kann jedes Gespräch über traumatische Ereignisse erneut selbstverletzendes Verhalten auslösen, weil Sie dann vielleicht mit dem Tempo der Therapie nicht mithalten können.

Überprüfen Sie daher, ob der Therapeut das Thema selbstverletzendes Verhalten in einem Sinne versteht, der mit Ihrem eigenen Verständnis übereinstimmt, oder ob Sie akzeptieren können, wie er darüber denkt.

Die Therapeutin, die ich im letzten Jahr hatte (sie gehörte zu dem College, das ich besuchte), war sehr gut. Sie hat nie über das hinweggesehen, was ich mache ... für mich ist es kein Problem, über das zu sprechen, was ich tue ... CHRIS

Vielleicht müssen Sie verschiedene Therapeuten ausprobieren, bis Sie jemanden finden, bei dem Sie sich wohl fühlen. Sie sollten vor allem auf das Einfühlungsvermögen achten. Laut Forschung sind die wichtigsten Bestandteile von seelischen Heilungsprozessen Einfühlungsvermögen, menschliche Wärme, Unvoreingenommenheit und vorbehaltlos positive Einstellung der helfenden Person.[11] Eine spezielle Ausbildung und Fachwissen sind nicht unbedingt eine Garantie dafür, dass ein Therapeut oder eine Therapeutin diese Qualitäten besitzt.

Für die meisten Menschen, die sich in einer Therapie befinden, ist der Therapeut eine sehr wichtige Person in ihrem Leben. Deshalb ist es nicht erstaunlich, dass manche Frauen, die ihre Gefühle kaum anders als durch Selbstverletzung ausdrücken können, auch in der Therapie Selbstverletzung dazu benutzen, Sympathie, Hilfe und Unterstützung zu bekommen.

> *Es gibt auf jeden Fall eine Verbindung zwischen meinen Selbstverletzungen und der Aufmerksamkeit von bestimmten Menschen, meistens Mutterfiguren. In dieser Hinsicht benutze ich meine Verletzungen, um andere Menschen zu manipulieren – es funktioniert allerdings nur in der Hälfte der Fälle.* Chris

Wenn Sie den Eindruck haben, nur durch Selbstverletzungen Fürsorge und Hilfe von Ihrer Therapeutin oder Ihrem Therapeuten zu bekommen, erfüllt die Beziehung eindeutig nicht Ihre Bedürfnisse. Sie sollten sich dann nach einem anderen Therapeuten umsehen.

Viele Frauen, die mit ihrer Therapie nicht zufrieden sind, denken, dass sie selbst die Situation falsch beurteilen und dass sie durchaus genug Hilfe angeboten bekommen. Diese Frauen nehmen ihre eigene Beunruhigung nicht ernst. Sprechen Sie über dieses Thema mit Ihrem Therapeuten oder Ihrer Therapeutin, auch wenn das wirklich schwierig ist. Möglicherweise entscheiden Sie sich für eine weitere Zusammenarbeit und eine gemeinsame Bewältigung dieser Probleme, wenn der Therapeut im Grunde aufrichtig ist und wirklich versucht, Ihnen zu helfen, und die Verantwortung für seine eigenen Grenzen übernimmt. Wenn er oder sie sich aber hinter der Therapeutenrolle versteckt, Unverständnis zeigt oder versucht, Ihnen die Schuld in die Schuhe zu schieben, sollten Sie sich überlegen, ob Ihnen damit wirklich geholfen ist.

Ich hatte mich entschlossen, Hilfe zu suchen, und ging zu verschiedenen Therapeuten. Sie wussten entweder nichts von meinen Selbstverletzungen oder sie weigerten sich, sich damit zu beschäftigen. Am Ende fühlte ich mich sehr allein und mein Problem eskalierte. Eine Therapeutin konnte einfach nicht damit umgehen, also durfte ich von heute auf morgen nicht mehr kommen. Ich war verzweifelt. Für eine Weile verletzte ich mich häufiger als sonst. DEE

Bestimmte Patientengruppen erhalten nachweislich nicht so häufig Gesprächstherapien angeboten wie andere; schwarze Männer und Frauen bekommen in Großbritannien beispielsweise nicht so oft eine entsprechende Überweisung wie Weiße.[12] Manchmal gilt die betroffene Frau als »zu verstört« für eine Gesprächstherapie oder der Therapeut möchte über die Dinge sprechen, über die die Patientin nicht sprechen möchte. So etwas passiert zum Beispiel häufig bei lesbischen Frauen, wenn der Therapeut die sexuelle Orientierung zum Hauptthema macht, statt das Problem Selbstverletzung zu behandeln.

Wenn Ihre Behandlung Ihnen nicht wirklich hilft oder, schlimmer noch, Ihnen eindeutig schadet, können Gespräche und Erfahrungsaustausch mit anderen betroffenen Frauen Ihnen den Mut zu einer Beschwerde geben. Dazu kommt, dass eine Therapiesitzung nur zu einer festgesetzten Zeit in der Woche stattfindet und Sie vielleicht auch zu anderen Zeiten Unterstützung brauchen. Überlegen Sie sich, ob Sie diese Unterstützung nicht in einer Selbsthilfegruppe oder bei einem speziellen Notruftelefon von Betroffenen für Betroffene finden können. Selbstverletzung kann eine sehr einsame Angelegenheit sein. Treffen und Gespräche mit anderen Frauen, die das Gleiche erlebt haben, bringen Ihnen Trost und echtes Verständnis.

Kapitel 5
Selbsthilfe

Das Teilen von Erfahrungen, Wissen und Gefühlen mit anderen Frauen in einer Selbsthilfegruppe kann sehr dabei helfen, mit dem selbstverletzenden Verhalten aufzuhören. Selbsthilfe meint die Zusammenarbeit von Frauen, die gegenseitige Unterstützung und gemeinsame Schritte, um unser Leben positiv zu verändern. Wir bekommen unser Leben besser in den Griff, wir fühlen uns verstanden, wir bekommen Fürsorge und Aufmerksamkeit von anderen. Dies gibt sehr viel Kraft. Zudem können wir es genießen, uns gleichermaßen um andere zu kümmern.

Selbsthilfegruppen

Viele Frauen haben bei konventionellen Behandlungen und/oder in den normalen medizinischen Einrichtungen unangenehme oder unbefriedigende Erfahrungen gemacht. So ist es kein Wunder, dass zahlreiche Frauen sich an eine Selbsthilfegruppe wenden, um dort Hilfe und Verständnis zu finden. Für manche Frauen kann allein die Selbsthilfegruppe genug Unterstützung bieten, aber für die meisten anderen ist eine Kombination von Selbsthilfegruppe und konventioneller Therapie ideal. Durch die Teilnahme an einer Selbsthilfegruppe und die zusätzliche Unterstützung, die man dort bekommt, verliert auch eine (mögliche) schlechte Erfahrung in der Therapie an Bedeutung.

Leider müssen Selbsthilfegruppen beziehungsweise alternative und ergänzende Therapiegruppen von den Betroffenen selbst finanziert werden. Selbsthilfegruppen sowie die Arbeit von Ehrenamtlichen müssen außerdem nur zu häufig die Lücken im traditionellen Gesundheitssystem stopfen.

Die Teilnahme an einer Selbsthilfegruppe hat Vor- und Nachteile. Sie müssen selbst herausfinden, ob dies Ihnen in Ihrer speziellen Situation helfen kann. So erhalten zum Beispiel Frauen mit selbstverletzendem Verhalten in Selbsthilfegruppen sehr viel Hilfe und Unterstützung, aber eine Selbsthilfegruppe kann nur eingeschränkt helfen, wenn jemand sehr verzweifelt oder gar selbstmordgefährdet ist.

Ich habe versucht mich umzubringen. Bevor ich in dieses Heim gezogen bin, war ich zwölf Tage obdachlos. Dann brachte der Sozialarbeiter mich hierher. Jetzt gehe ich zu einem Therapeuten, der versucht, mein Problem zu lösen.

SHARON B.

Selbstmordgefährdete Menschen brauchen eine andere Form der Unterstützung. Wenn Sie Selbstmordgedanken haben, brauchen Sie einen speziell ausgebildeten Helfer, der regelmäßig mit suizidgefährdeten Menschen arbeitet und der ein umfassendes Verständnis der Problematik hat.

Um von einer Selbsthilfegruppe wirklich profitieren zu können, brauchen Sie eine gewisse Stabilität in Ihrem Leben. Sie müssen körperlich belastbar sein. Es ist zum Beispiel sehr schwierig, über Ihren Kummer zu reden, wenn Sie nicht einmal wissen, wo Sie als Nächstes schlafen können. Außerdem brauchen Sie ein bestimmtes Maß an seelischer Stabilität, weil es sonst zu belastend für Sie sein könnte, die Geschichten der anderen Frauen anzuhören.

Trotzdem können die meisten Frauen, die sich selbst verletzen, von Selbsthilfegruppen sehr profitieren. Zu den Hilfsangeboten zählen:

- telefonische Unterstützung
- wöchentliche Treffen
- Unterstützung durch andere Gruppenmitglieder
- Beratung
- ein geschützter Ort, um über sich selbst zu sprechen

- Rundbriefe, Arbeitsblätter und Poesie
- Begleitung zur Notaufnahme
- Rechtsberatung
- Verständnis
- neue Freundschaften

Gerry Coones von der Londoner Gruppe MIND sagt: »Die Menschen brauchen im wahrsten Sinne des Wortes einen Zufluchtsort.« Selbsthilfegruppen können diese Art von Zufluchtsort bieten. Bei der ersten britischen Konferenz zum Thema selbstverletzendes Verhalten im September 1989 haben mehrere Redner betont, wie wichtig es ist, auf Menschen mit selbstverletzendem Verhalten nicht abweisend zu reagieren, sondern sie zu akzeptieren und sich um sie zu kümmern. Auf der Konferenz wurden Beratung, Gruppenarbeit sowie rund um die Uhr erreichbare Notruftelefone gefordert.[1]

Wenn es in Ihrer Nähe keine Selbsthilfegruppe gibt, können Sie eventuell selbst eine ins Leben rufen. Die Gründung und Leitung einer Selbsthilfegruppe bringt jedoch Probleme mit sich und hat ihre Tücken. Die Frage der Finanzierung ist eines der dringlichsten Probleme von Selbsthilfegruppen; allein schon die Organisation einer Gruppe kostet laufend Geld. Zudem reagieren mögliche Geldgeber manchmal abweisend, weil sie nicht glauben, dass Selbsthilfe eine wirkliche Alternative darstellt und den betroffenen Frauen etwas bringt. Vielleicht müssen Sie Ihr Anliegen lang und breit erläutern, was frustrierend und manchmal sogar entmutigend sein kann.

Es ist eine gute Idee, am Anfang ein paar Grundregeln aufzustellen: Jede Frau soll an die Reihe kommen, Vertraulichkeit muss gegeben sein, und die Teilnehmerinnen müssen die Verantwortung für ihre eigene Sicherheit und die der anderen übernehmen. Manchmal hilft man lieber den anderen, als sich mit seinen eigenen unerfüllten Bedürfnissen und seinem Schmerz auseinander zu setzen. Wir können unseren Mitmenschen gegenüber sehr hilfsbereit, fürsorglich und sensibel sein, aber uns selbst dabei nicht weiterhelfen. Wir können uns zwanghaft um andere kümmern, und dabei immer noch mit unserem eigenen Schmerz Probleme haben. Die Gruppe muss sich entscheiden, ob eine Frau die Leitungs- oder Vermittlungsrolle übernimmt oder ob diese Aufgaben von den Teilnehmerinnen abwechselnd übernommen werden. Der Umgang mit anderen Frauen, die unter großem Kummer leiden, kann sehr anstrengend sein und erfordert viel Fingerspitzengefühl. Die Leiterin sollte eine Frau, die wirklich aufgeregt und verzweifelt ist, umsichtig beruhigen können. Außerdem muss sie die Treffen so organisieren, dass jede Frau zu Wort kommt. Alle möglichen Menschen verletzen sich selbst; manche sind extrem still, manche aggressiv, manche können sich gewählt ausdrücken, manche reden nicht gern. Sie alle haben ein Recht auf Hilfe und Unterstützung. Es können Frauen aus allen Bereichen des Lebens und mit allen möglichen Problemen in die Gruppe kommen. Jede von ihnen hat die gleiche Aufmerksamkeit verdient. Wenn die Gruppe sich entscheidet, einer einzelnen Person die Leitungsfunktion zu übertragen, so muss dies nicht unbedingt eine Frau sein, die sich selbst verletzt. Manche Frauen sind gehemmt, wenn die Gruppe nicht von einer Leidensgenossin geleitet wird, denn sie fühlen sich dann nicht wirklich verstanden. Anderen Frauen geht es genau umgekehrt: Sie fühlen sich sicherer, weil eine nicht betroffene Person die Gefühle der anderen Frauen anhören und aufnehmen kann, ohne dadurch selbst zu sehr belastet zu werden. Die wichtigste Eigenschaft einer Leiterin ist jedoch die Fähigkeit, in jeder Situation ruhig und neutral zu bleiben und sich in die Bedürfnisse jeder einzelnen Teilnehmerin einzufühlen. Dabei spielt es keine Rolle, ob sie sich selbst verletzt oder nicht.

Manchmal wiederholen wir in einer Selbsthilfegruppe unsere typischen Verhaltensmuster. Im Allgemeinen neigen Frauen dazu, die Bedürfnisse ihrer Mitmenschen wichtiger zu nehmen als ihre eigenen. Das kann auch in einer reinen Frauengruppe passieren. Vielleicht fällt es Ihnen schwer, Hilfe und Unterstützung anzunehmen. Sie spielen vielleicht immer die Starke und hören den anderen zu. Danach geht es Ihnen vielleicht für eine Weile besser, aber später fühlen Sie sich einsam und isoliert. Es kann auch anders herum sein: Sie reden die ganze Zeit über sich und können nicht damit aufhören. Danach haben Sie dann möglicherweise das Gefühl, zu viel von sich gezeigt zu haben. Statt sich besser zu fühlen, sind Sie dann wütend, weil Sie zu viel erzählt haben.

Zuweilen animiert eine Selbsthilfegruppe ungewollt eine der Frauen dazu, sich selbst zu verletzen oder neue Methoden der Selbstverletzung auszuprobieren. Das ist natürlich nicht der Sinn und Zweck der Gruppe, aber Sie müssen auf diese Möglichkeit gefasst sein.

Bei einem Treffen erzählte mir eine Frau, wie sie sich entsetzliche Brandwunden an ihren Armen zugefügt hatte, und ich wollte das auch ausprobieren. Ich muss zugeben, dass ich mit dem Ergebnis sehr zufrieden war. Wenn ich jetzt so davon rede, klingt es furchtbar, aber ich war damals wirklich so leicht zu beeinflussen. DEE

Damit so etwas nicht vorkommt, müssen Leiterin und Teilnehmerinnen der Gruppe auf die gruppendynamischen Prozesse achten, besonders auf alle konfliktreichen Situationen.

Zu den wertvollsten Aspekten einer Selbsthilfegruppe gehört die Möglichkeit, andere Frauen zu treffen, die dasselbe Problem haben und mit denen man offen über selbstverletzendes Verhalten reden kann.

Wenn es mir sehr schlecht ging, hatte ich mein Leben nicht im Griff. Durch die Selbstverletzungen fühlte ich mich sehr allein. Darum hat es mir sehr geholfen, andere betroffene Frauen kennen zu lernen, mit denen ich mich treffen und reden konnte. Sie wussten, wie ich mich fühle, und sie schauten mich nicht angewidert an, wenn ich erzählte, was ich alles mit mir angestellt hatte. DEE

Bei ihnen konnte ich meine Probleme offen diskutieren, ohne Angst vor einer Zwangseinweisung. Ich wusste, dass al-

les, was ich sagte, unter uns blieb. Niemand schrieb etwas auf und warf es mir später wieder an den Kopf. Ich fühlte mich sicher; ich konnte den anderen alles erzählen, ohne sie damit zu schockieren. Sie wussten, wie schlimm es manchmal sein kann. JANET

Ärzte und Psychologen empfehlen normalerweise ihren Patientinnen gerne eine Selbsthilfegruppe. Die meisten Teilnehmerinnen kommen über eine derartige Empfehlung zur Gruppe, während Anzeigen wenig Resonanz bringen.[2] In einer Selbsthilfegruppe, die konzentriert und aktiv arbeitet, bekommt man nicht nur sehr viel Unterstützung, sondern kann auch dauerhafte Freundschaften knüpfen.

Checkliste zur Gründung einer Selbsthilfegruppe

Bei der Gründung einer Selbsthilfegruppe sind folgende Punkte zu beachten:

1. Gibt es einen geeigneten Treffpunkt, also einen ruhigen und gemütlichen Raum, in dem Sie ungestört sind und den Sie regelmäßig nutzen können? Gibt es eine Küche und Toiletten? Ist der Zugang behindertengerecht?
2. Ist die Finanzierung geklärt? Beantragen Sie Zuschüsse, sprechen Sie mit dem örtlichen Sozialpsychiatrischen Dienst oder dem Bezirksamt. Können die Teilnehmerinnen selbst Geld zusammenbringen?
3. Haben Sie Kontakte innerhalb der Gemeinde, zu Psychiatern, Ärzten und dem Sozialpsychiatrischen Dienst? Dürfen Sie dort für Ihre Gruppe werben?
4. Gibt es eine geeignete Gruppenleiterin, die unparteiisch bleibt, wenn es Streit gibt, die gleichermaßen reden und zuhören kann? Sollen die Teilnehmerinnen abwechselnd die Treffen leiten? Wäre jede Teilnehmerin dazu in der Lage?
5. Haben Sie Zeit, jedes Treffen inhaltlich vorzubereiten? Können Sie Informationsmaterial beschaffen und Vorträge zu Themen wie erste Hilfe organisieren?

6. Können Sie mit all den schrecklichen Spielarten von Selbstverletzung umgehen, vor allem, wenn es Ihnen selbst schlecht geht? Können Sie sich auch dann um andere kümmern und sie unterstützen, wenn Sie wütend sind und die Nase voll haben? Können Sie mit Menschen umgehen, die sehr krank sind, deren Leid Ihnen Angst einjagt? Wie würden Sie reagieren? Denken Sie bitte vorher darüber nach!

Aller Anfang ist schwer. Denken Sie daran, wenn Sie sich zur Gründung einer Selbsthilfegruppe entschlossen haben, aber die Sache nicht so rasch in Gang kommt, wie Sie sich das vorgestellt haben. Regelmäßige Treffen sind wichtig, auch wenn es nur zwei oder drei Teilnehmerinnen gibt. Andere Frauen werden dazukommen, sobald sich die Existenz der Gruppe herumgesprochen hat.

Notruftelefone

Die Teilnahme an einer Selbsthilfegruppe kommt für Sie wahrscheinlich nicht in Frage, wenn Sie sehr abgelegen wohnen oder zu krank sind. Vielleicht fühlen Sie sich auch aus irgendeinem Grund nicht bereit für eine Gruppe. Es gibt jedoch noch andere Möglichkeiten, Unterstützung zu bekommen, wie zum Beispiel Notruftelefone. Gewöhnlich werden Notruftelefone von anderen betroffenen Frauen organisiert. Sie sind besonders in Krisensituationen von Nutzen, denn sie sind am ehesten da, wenn Sie dringend ein Gespräch brauchen. Dadurch könnten Sie tatsächlich davon abgehalten werden, sich in diesem Moment selbst zu verletzen.

Vielen Menschen fällt es schwer, von Angesicht zu Angesicht über ihre Gefühle zu sprechen. Manchmal ist es einfacher, darüber zu sprechen, wenn man die nonverbalen Signale des Zuhörers nicht sieht. Außerdem können Sie das Telefongespräch beenden, wann immer Sie wollen. Dadurch haben Sie die Situation maximal im Griff. Notruftelefone erreichen zudem einen größeren Kreis als Selbsthilfegruppen.

Manche Notruftelefone bieten auch Unterstützung für Angehörige und Freunde von betroffenen Frauen, und manchmal erkundigen sich auch Ärzte und Therapeuten dort.

Ein großer Schwachpunkt der meisten Notruftelefone liegt darin, dass sie nur zu bestimmten Zeiten zur Verfügung stehen. Um wirklich von Nutzen zu sein, müsste ein Notruftelefon 365 Tage im Jahr rund um die Uhr erreichbar sein.

Ich habe mehrmals die Telefonseelsorge angerufen, weil ich aufhören wollte, mich selbst zu verletzen. Aber eigentlich hätte jemand, der sich ausschließlich mit selbstverletzendem Verhalten beschäftigt, mir besser helfen können. Die Leute von der Telefonseelsorge waren sehr nett, aber was sollten sie schon sagen? DEE

In einer Krisensituation kann es Sie zusätzlich belasten, Hilfe zu suchen und keine zu bekommen. Wenn niemand den Hörer abnimmt, kann das wie eine Zurückweisung wirken und fast schon wieder eine Rechtfertigung dafür liefern, sich selbst zu verletzen. So etwa wie Russisches Roulette: Soll ich mich selbst verletzen oder nicht? Vielleicht bekommen Sie dann das Gefühl, dass das selbstverletzende Verhalten Ihr Leben bestimmt und dass Sie nicht die Kraft haben, es selbst zu beenden.

Ich habe einmal versucht anzurufen, aber niemand ist ans Telefon gegangen. Also habe ich mich selbst verletzt.

JANET

Versuchen Sie in so einer Situation, andere Notruftelefone anzurufen, denn schon durch das Reden kann Ihre Anspannung verringert werden. Sie spüren dann vielleicht lange genug Erleichterung, bis Sie jemanden erreichen, der auf Selbstverletzung spezialisiert ist.

Rundbriefe und Internet

Rundbriefe sind eine weitere Möglichkeit, die Isolation zu durchbrechen. Sie können durch Schreiben Ihre Gefühle mitteilen, und viele Frauen können davon profitieren, weil Sie vielleicht genau deren Gefühle in Worte gefasst haben. Rundbriefe erreichen oft ein großes Publikum. Sie können zu jeder Zeit und an jedem Ort gelesen werden und auch solche Menschen erreichen, die weit entfernt leben. In Rundbriefen gibt es neben Berichten, Leserbriefen, Gedichten und Besprechungen auch Rubriken für Brieffreundschaften, Bilder und Fachartikel sowie Hinweise auf Hilfseinrichtungen für Betroffene und ihnen nahe Stehende.

Rundbriefe brauchen eine gewisse Finanzierung, aber die Kosten sind überschaubar. Sie können lebenswichtige Informationen an alle Interessentinnen vermitteln. Frauen, die etwas veröffentlichen, können anonym bleiben und sich dennoch Gehör verschaffen, ohne sich über Reaktionen Gedanken machen zu müssen. Wir alle fühlen uns sehr viel sicherer, wenn wir uns ohne Beschränkungen ausdrücken können, ohne beurteilt und kritisiert zu werden. Frauen, die ihr selbstverletzendes Verhalten geheim halten wollen, können dies weiterhin tun. Von der Anonymität der Rundbriefe können auch Frauen profitieren, für die Gespräche unter vier Augen aus irgendeinem Grund traumatisch sind.

Frauen mit Internet-Anschluss haben die Möglichkeit, sich in speziellen Chatrooms und über Messageboards auszutauschen. Sehr empfehlenswert ist die englischsprachige Webseite http://www.palace.net/~llama/psych/intro.html mit vielen Links zu Messageboards, Chatrooms und Newslists. In Deutschland bietet die Homepage zur Newsgroup de.etc.selbsthilfe-missbrauch (http://www.selbsthilfe-missbrauch.de) die Möglichkeit zum Austausch und viele interessante Links zu weiteren Mailinglisten, beispielsweise eine Mailingliste für Borderline-Betroffene (http://www.Borderline-Community.de/start.htm), eine Mailingliste für Menschen mit Dissoziationszuständen (http://members.aol.com/dissoid/Liste.htm) und für Angehörige und Freunde von vergewaltigten oder missbrauchten Frauen die Mailingliste der »Verbündeten«

(http://members.aol.com/epiktet123/index.htm.). Ähnlich wie bei Notruftelefonen kann man über das Internet seine Gefühle sofort loswerden und andere Betroffene kontaktieren.

Rundbriefe haben ihre Grenzen. So ist es zum einen schwierig, dafür zu werben, weshalb viele Frauen gar nichts von ihrer Existenz ahnen. Zum anderen müssen Abonnentengebühren erhoben werden, um die laufenden Kosten zu decken. Es gibt möglicherweise Frauen, die die Rundbriefe gerne lesen würden, sich das aber nicht leisten können. Deshalb sollten die normalen Abonnementspreise ein bisschen höher angesetzt werden, um gegebenenfalls Freiexemplare zu finanzieren. Dies spielt eine wichtige Rolle bei der Unterstützung von Menschen, die darum kämpfen, ohne Selbstverletzung zu leben.

Selbstverarztung

Es ist überlebenswichtig, seine Verletzungen versorgen zu können. Wenn Sie sich selbst verletzen, müssen Sie sich um Ihre Wunden kümmern. Sie müssen beurteilen können, ob Ihre Verletzungen ärztliche Hilfe erfordern, damit Sie keinen weiteren Schaden davontragen. Mangelhaft versorgte Schnitte oder Brandwunden können zu einer Blutvergiftung führen. Die Einnahme auch kleinster Giftmengen kann unter bestimmten Umständen tödlich enden. Manche Frauen wissen zwar, dass sie medizinische Hilfe brauchen, aber nehmen sie nicht in Anspruch, weil sie in der Vergangenheit zu unangenehme Erfahrungen mit Ärzten gemacht haben. Nehmen Sie eine Begleitperson mit, wenn Sie Angst haben, die Notaufnahmestation allein aufzusuchen. Am besten treffen Sie im

Voraus eine klare Abmachung, damit die Begleitung für Sie zum Krankenhauspersonal sprechen kann. Möglicherweise stehen Sie nach einer Selbstverletzung unter Schock und können sich nicht so ausdrücken wie sonst. Die englische Gruppe *Survivors Speak Out* schlägt vor, eine Krisenkarte für den Fall vorzubereiten, dass Sie nicht für sich selbst sprechen können. Auf dieser Karte stehen Informationen über Ihr spezielles Problem und Vorschläge, wie Ihnen geholfen werden kann. In Deutschland gibt es ähnliche Vorschläge, nämlich den so genannten »Krisenpass für Menschen mit Psychoseerfahrung« oder das umfangreichere »Psychiatrische Testament«. Muster können Sie bei örtlichen Initiativen erhalten, deren Adressen im Branchentelefonbuch unter dem Stichwort »Psychosoziale Dienste« aufgelistet sind.

Auch wenn Sie sich verletzen können, ohne dabei Schmerzen zu spüren, tut bei der Ankunft im Krankenhaus Ihre Verletzung womöglich sehr weh. Bitten Sie um ein Schmerzmittel, vor allem, wenn Sie genäht werden müssen. Das Krankenhauspersonal bietet nur selten von sich aus schmerzlindernde Mittel an. Manchen Frauen fällt diese Bitte schwer, weil sie sich schuldig fühlen. Trotzdem haben Sie ein Recht auf Schmerzfreiheit, auch wenn Sie sich diesen Schmerz selbst zugefügt haben. Es gibt auch Frauen, die kein Schmerzmittel wollen, weil sie den Schmerz für einen Teil ihrer Strafe halten oder der körperliche Schmerz sie von ihren seelischen Qualen ablenkt.

Niemand kann Sie gegen Ihren Willen im Krankenhaus festhalten, solange Sie nicht eine Gefahr für sich oder Ihre Mitmenschen darstellen. Sie können gehen, wann immer Sie wollen. Eine Zwangseinweisung droht Ihnen allerdings, wenn die Ärzte den Eindruck gewinnen, dass Sie sich schon bald wieder verletzen werden oder wenn Sie schon zum wiederholten Male deswegen in der Notaufnahme behandelt wurden. Sollte dies passieren, brauchen Sie eine Vertrauensperson, mit der Sie darüber sprechen können und die als Ihr Fürsprecher fungiert.

Auch wenn Ihre Verletzungen keine ärztliche Behandlung erfordern, so müssen sie doch versorgt werden. Sich um sich selbst und seine Gesundheit zu kümmern, ist außerdem eine Möglichkeit der Selbstfürsorge. Im folgenden Abschnitt finden Sie einige grundsätzliche Informationen, damit Sie feststellen können, ob Sie einen Arzt brauchen. Sie erfahren zudem, wie Sie Ihre Wunden selbst versorgen können.

Schnittverletzungen

Blutet die Wunde stark oder spritzt das Blut aus der Wunde? Dann kann eine Arterie verletzt sein. Auf jeden Fall müssen Sie dann sofort ins Krankenhaus. Wenn Sie dies allerdings nicht können oder wollen, sollten Sie einige Maßnahmen ergreifen, damit die Sache nicht noch schlimmer wird:

1) Üben Sie direkten Druck auf die Wunde aus, um das Blut zu stoppen. Lagern Sie die verletzte Stelle unbedingt hoch, sofern dies möglich ist. Üben Sie dabei weiterhin Druck auf die Stelle aus, weil dadurch die Blutung verlangsamt wird. Versuchen Sie nicht, den betroffenen Körperteil abzubinden, weil dadurch zusätzlicher Schaden entsteht.

2) Vielleicht muss die Wunde genäht werden. Wenn Sie allerdings nicht ins Krankenhaus gehen wollen, warten Sie ab, bis es weniger stark blutet, und reinigen Sie dann die Wunde. Verwenden Sie spezielle Wundklebeverbände, um die Wundränder zusammenzuhalten.

3) Sowohl kleinere als auch tiefere Wunden müssen sauber gehalten werden. Benutzen Sie zum Beispiel ein antiseptisches Spray oder auch antiseptische Tücher. Antiseptische Creme aus der Tube ist nicht so gut, weil Bakterien in die Wunde gelangen können. Verbinden Sie auch die kleinste Wunde, damit sie sich nicht entzündet.

4) Schneiden Sie sich niemals mit schmutzigen oder alten Rasierklingen und verwenden Sie auf gar keinen Fall dreckige Glasscherben, die Sie auf der Straße oder im Garten gefunden haben.

Brandwunden

Brandverletzungen sind fast immer sehr gefährlich, und größere Brandwunden müssen unbedingt medizinisch behandelt werden. Durch eine große Brandwunde kann man viel Flüssigkeit verlieren, und es besteht immer das Risiko einer Infektion. Kühlen Sie die verbrannte Stelle sofort mindestens zehn Minuten lang unter fließendem kalten Wasser. Dadurch kann der Schaden wesentlich reduziert werden. Umwickeln Sie die Wunde locker mit Frischhaltefolie und gehen Sie so schnell Sie können zum Arzt. Wenn lediglich eine Brandblase entstanden ist, so vermeiden Sie jegliche Berührung und bedecken Sie die Stelle mit einem sterilen Verband. Öffnen Sie die Brandblase nicht, damit keine Keime eindringen können. Fragen Sie beim Kauf von Verbandsmaterial nach Spezialverband für Brandverletzungen, da dieser nicht an der Wunde kleben bleibt.

Vergiftungen

Bitte wenden Sie sich sofort an einen Arzt, wenn Sie etwas Giftiges eingenommen haben. Das ist sehr wichtig, denn jeder Aufschub kann tödliche Folgen haben. Manche Tabletten und Chemikalien können nämlich eine Atemlähmung verursachen und über den Blutkreislauf zu Leberversagen führen, auch nachdem der Körper sie schon ausgeschieden hat. Manche giftigen Substanzen sammeln sich im Körper an, so dass Sie am Ende an einer kleinen, scheinbar nicht-tödlichen Menge sterben können.

Anzeichen für eine Sepsis (Blutvergiftung)

Gehen Sie nicht nachlässig mit Ihren Wunden um und vermeiden Sie jede Entzündung. Zögern Sie nicht, einen Arzt aufzusuchen.

Achten Sie sorgfältig auf die Anzeichen einer Blutvergiftung. Diese ist eine sehr ernste Angelegenheit und kann sogar tödlich enden. Sie tritt besonders häufig bei Brandverletzungen auf. Zu den Anzeichen für eine Sepsis gehören Fieber, Abszesse, Ausschlag und Frösteln. Wenn die Wunde pocht und heiß ist, sollten Sie unbedingt sofort zum Arzt gehen.

Verbandskasten

Viele Frauen, die sich selbst verletzen, haben die Dinge, die sie zur Selbstverletzung benutzen, immer in ihrer Nähe. Wenn Sie diese Dinge nicht mehr ständig um sich brauchen, ist dies übrigens ein Zeichen dafür, dass Sie langsam angefangen haben, mit Ihrem Leid anders umzugehen. Sie können aber auch eine Schutzmaßnahme ergreifen und einen Verbandskasten daneben stellen. Dies ist auch ein Ansatz, sich auf einem ganz einfachen Niveau um sich selbst zu kümmern. Sie könnten beispielsweise eine kleine, saubere Dose ständig bei sich haben, die Wundklebeverband, antiseptische Tücher und steriles Verbandszeug enthält. Mit diesem Material können Sie ihre Verletzungen selbst verarzten. Wenn Sie die Dinge, die Sie heilen können, ebenso in Ihr Leben aufnehmen wie die Dinge, mit denen Sie sich verletzen, ist dies ein wichtiger Schritt auf dem Weg zu einem Ende der Selbstverletzungen. Und Fürsorge für sich selbst zu übernehmen, ist ein notwendiger Teil Ihrer Heilung.

Kapitel 6
Verhaltensmuster der Selbstverletzung durchbrechen

Ich will es nicht tun, aber ich weiß nicht, was ich sonst machen soll. LISA (AUS IHREM TAGEBUCH)

Es gibt viele Anhaltspunkte dafür, dass selbstverletzendes Verhalten Teil eines erlernten Stressbewältigungsmechanismus ist und dass Menschen davon abhängig werden können.[1] Man kann sich daran gewöhnen, immer angespannt zu sein und darauf zu warten, dass etwas passiert. Man kann auch resignieren, weil man sich nun schon so lange selbst verletzt. Es ist nicht einfach, neue Mechanismen zu lernen, um mit seinen überwältigenden Gefühlen umzugehen. Wie bei jeder anderen Veränderung muss die Motivation aus Ihnen selbst kommen. Manchmal ist es schwierig, diese Motivation aufrechtzuerhalten, denn der Abschied von den alten Mechanismen dauert lange. Ein »Zaubermittel« gibt es leider nicht.

Ich fühle mich so allein in meinem Schmerz, allein in meiner Angst. Ich habe eine Mauer aus Selbstverletzung um mich herum errichtet, die eigentlich zum Selbstschutz gedacht war. Aber jetzt hält die Mauer mich gefangen und verhindert, dass jemand reinkommt und mir hilft. Ich möchte die Mauer entfernen, aber ich bin dahinter gefangen. Sie ist schon so lange da und sie ist so breit und hoch. Ich möchte, dass jemand kommt und die Mauer einreisst und mich rauslässt. Aber ob ich dann rauskommen könnte, weiß ich auch nicht. Es ist so einsam hier drin, aber ich kenne nichts anderes. Die Angst hält mich hier fest. CATHY

Es ist sehr schwierig, die Praktiken aufzugeben, die einem so lange beim Überleben geholfen haben. Für diese Veränderung brauchen Sie Zeit. Der Veränderungsprozess ist schmerzhaft und darf nicht übereilt werden. Jeder Tag ohne Selbstverletzung ist schon ein Erfolg. Ihr selbstverletzendes Verhalten hat Sie vielleicht bis hierhin gebracht, aber es kann Ihnen nicht helfen, Ihren Schmerz und Ihre Vergangenheit zu überwinden. Manche Frauen vergleichen selbstverletzendes Verhalten mit einem Todesurteil, das über sie verhängt wurde. Sie sehen auch, wie viel Leid ihr selbstverletzendes Verhalten ihren Freunden und Angehörigen zufügt, und haben deswegen Schuldgefühle.

Manche Frauen glauben, dass sie niemals aufhören können, sich selbst zu verletzen; aber viele Frauen haben es geschafft. Auch in Ihrem Leben gab es sicherlich Momente, wo Sie sich verletzen wollten, aber es dann doch nicht getan haben. Sie haben vorher inne gehalten. Versuchen Sie, sich daran zu erinnern, warum Sie es damals nicht getan haben. Vielleicht erinnern Sie sich an eine Zeit, in der Sie sich gar nicht oder doch seltener verletzt haben. Was war damals in Ihrem Leben anders? Gerade die Ausnahmen in Ihrem Verhaltensmuster geben Hinweise auf das, was Sie brauchen, um den Kreislauf des selbstverletzenden Verhaltens zu durchbrechen. Denken Sie darüber nach und finden Sie heraus, womit Sie den Kreislauf durchbrechen können. Sie brauchen wahrscheinlich Unterstützung, um diesen Prozess durchzustehen. Diese finden Sie bei staatlichen und bei ehrenamtlichen Einrichtungen, bei Einzelpersonen und/oder in einer Gruppe.

Der Prozess verläuft in mehreren Schritten:

- Lernen Sie Ihr eigenes Verhaltensmuster kennen. Wie verhalten Sie sich, wenn Sie sich selbst verletzen, und wie verhalten Sie sich, wenn Sie es nicht tun?
- Finden Sie heraus, in welchen Situationen Sie am anfälligsten für Selbstverletzung sind. Welche Gefühle lösen selbstverletzendes Verhalten aus?
- Entdecken Sie unbedingt das ursprüngliche Trauma und setzen Sie sich damit auseinander. Verarbeiten Sie die mit dem Trauma verbundenen Gefühle. Gleichzeitig müssen

Sie andere Bewältigungstechniken als die Selbstverletzung erlernen.
- Spüren Sie Ihre Gefühle, sprechen Sie darüber und sorgen Sie dafür, dass Ihre Bedürfnisse erfüllt werden.

Verhaltensmuster entdecken – Gefühlsprotokolle

Halten Sie fest, wann Sie sich selbst verletzen. Dadurch lassen sich zeitliche Zusammenhänge in Ihrem Verhaltensmuster feststellen. Wie groß ist der maximale Abstand zwischen zwei Selbstverletzungen? Verletzen Sie sich regelmäßig um die gleiche Uhrzeit, am gleichen Wochentag, an einem bestimmten Tag im Monat oder im Jahr? Hat dieser Zeitpunkt irgendetwas mit bedeutsamen (oft traumatischen) Ereignissen in Ihrem Leben zu tun? Gibt es einen Zusammenhang mit Ihrem Menstruationszyklus? Mit Jahreszeiten? Diese Überlegungen helfen Ihnen dabei, die Zeitpunkte herauszufinden, an denen Sie am empfindlichsten sind und es am wahrscheinlichsten zu einer Selbstverletzung kommt. Sie können dann diese Informationen bei Ihren Überlegungen darüber einbeziehen, mit welchen Strategien Sie die alten Muster des selbstverletzenden Verhaltens durchbrechen.

Notizen sind eine sinnvolle Sache, denn Sie können genau aufschreiben, was Sie erleben, wenn Ihre Gefühle am intensivsten sind. Manchmal lässt sich eine Krise schon dadurch vermeiden, dass Sie alle Gedanken in einem Fluss aufschreiben. Wenn Ihnen Schreiben nicht liegt, können Sie auch ein Aufnahmegerät benutzen. Ein Diktafon eignet sich besonders gut, weil es sich leicht an- und ausschalten lässt. Sie haben dann nach einer Selbstverletzung eine Aufzeichnung darüber, wie sie sich zu diesem Zeitpunkt gefühlt haben. Diese Aufzeichnungen können Sie durchlesen oder abhören und darüber mit einer Vertrauensperson sprechen, die Ihnen wirklich helfen will.

Gefühlsprotokolle, ob schriftlich oder auf Kassette, können Ihnen helfen, bestimmte Auslösemechanismen zu erkennen. Was ist passiert, bevor Sie sich so schlecht gefühlt haben? Wie lange hat sich die Spannung aufgebaut? Vielleicht ist die Wut auf jemand anderen der Auslöser. Dann wäre es sinnvoller, die Gefühle gleich nach der Auseinandersetzung aufzuschreiben als irgendwann später, wenn Sie die Wut schon gegen sich selbst gerichtet haben.

Manche Menschen fühlen sich durch das Aufschreiben nicht besser. Bei ihnen steigt außerdem die Anspannung und der Drang nach Selbstverletzung, wenn sie ihre Notizen lesen. In diesem Fall empfiehlt es sich, die Aufzeichnungen jemandem zur Aufbewahrung zu geben. Sonst kann es passieren, dass das Material die nächste Selbstverletzung nicht verhindert, sondern eher erleichtert. Andererseits können ein paar Sätze über Ihr selbstverletzendes Verhalten, von Ihnen oder einer anderen Person geschrieben, genau das in Worte fassen, was Sie fühlen. Diese Sätze können Ihnen helfen, dem nächsten Drang nach Selbstverletzung zu widerstehen.

Ich möchte mich schneiden, wenn ich wütend bin, wenn ich einsam/allein bin, wenn ich durcheinander bin. Ich habe kein Recht auf meine Gefühle. Ich fühle mich widerlich und schmutzig. Ich weiß nicht, was ich sonst machen soll. Ich will mich verletzen. Ich habe das verdient.

(L. schrieb dies in einer Therapiesitzung und gab es danach ab)

Tagebucheintrag: Ich habe mich gerade wieder geschnitten. Ich zittere wie Espenlaub. Ich habe es getan, weil ich mich einsam fühlte und weil die Gedanken an die Vergangenheit mich verwirrten. Ich dachte an das Stück Papier, auf dem steht: »Ich möchte mich schneiden, wenn ich …« LISA

Lisa hatte diese neue Technik gerade erst gelernt und wendete sie zuerst noch nicht an. Sie erinnerte sich erst an ihre Sätze, nachdem sie sich geschnitten hatte. Langsam fing sie an, ihre Notizen zu lesen, bevor sie sich schnitt. Mit Hilfe dieser

Technik sowie einer Therapie, in der sie ihre Gefühle entdecken und ausdrücken konnte, hörte Lisa mit ihrem selbstverletzenden Verhalten auf.

Notieren Sie unbedingt auch Ihre Erfolge. Was hat Ihnen einmal dabei geholfen, sich nicht zu verletzen? Vielleicht können Sie diese Strategie auch in Zukunft wieder einsetzen. Welche Dinge geben Ihnen ein gutes Gefühl? Nehmen Sie sich mehr Zeit für diese Dinge und beschäftigen Sie sich regelmäßig damit. Dazu gehört auch, sich in positiver Weise um sich selbst zu kümmern. Es wird Ihnen wesentlich besser gehen, wenn Sie regelmäßig auf sich achten, und nicht nur dann, wenn es Ihnen schlecht geht oder bevor Sie sich selbst verletzen.

Auslöser erkennen

Das Aufschreiben ihrer Gefühle fällt manchen Frauen sehr schwer. Sie haben nämlich Probleme, ihre Gefühle zu erkennen. Sie fühlen sich angespannt und verzweifelt oder »betäubt«, »abgeschnitten«, »tot«, aber sie können das tatsächliche Gefühl nicht benennen. Das ist nicht erstaunlich, denn fast alle Frauen, die sich selbst verletzen, haben ein Trauma erlitten. Die durch die Traumatisierung entstandenen Gefühle sind nicht anerkannt worden, und folglich haben die Betroffenen diese Gefühle weder ernst genommen noch verarbeitet. Viele Frauen haben immer wieder versucht, mit anderen Menschen über ihre Gefühle zu sprechen, aber haben nur negative Reaktionen bekommen. Dadurch haben sie alle mit dem Trauma verbundenen Gefühle und auch alle ähnlichen Gefühle verleugnet oder verdrängt. Irgendwann wird es dann sehr kompliziert, diese einander überlagernden Gefühle überhaupt noch zu erkennen. Es kommt zu einem Übermaß der Gefühle: zu viele Gefühle auf einmal, die nicht ausgedrückt werden können und deshalb weggeschoben werden. Sie werden »aus dem Kopf geschlagen« und dadurch fühlt man sich »wie betäubt« oder ist sehr verzweifelt. Beides kann schließlich zu selbstverletzendem Verhalten führen.

Wenn dies auf Sie zutrifft, brauchen Sie wahrscheinlich jemanden, mit dem Sie eine entspannte und sichere Atmosphäre aufbauen können und der Ihnen hilft, Ihre damaligen Gefühle in allen Einzelheiten wieder zu entdecken und herauszufinden, wodurch sie ausgelöst wurden. Ihre Vertrauensperson kann Sie danach dabei unterstützen, die Gefühle zu erkennen und sie deutlicher auszudrücken. Am besten eignet sich für diese Aufgabe ein darauf spezialisierter Therapeut, aber auch andere Menschen können Sie dabei unterstützen.

Danach können Sie herausfinden, welche Gefühle Sie tatsächlich dazu bringen, sich zu verletzen.

Mir ist klar geworden, dass ich mein Leben lang jede Menge Schmerz, Verletzung und Wut unterdrückt habe. Meine Bulimie und das Schneiden sind Möglichkeiten, einen unerträglichen Schmerz auszudrücken und damit umzugehen. JULIE

Das ursprüngliche Trauma verarbeiten

Sie müssen fest daran glauben, dass Sie andere Wege finden werden, um Ihre seelischen Vorgänge auszudrücken. Laut Marsha Linehan ist es ein wichtiger Teil des Heilungsprozesses, die eigenen Gefühle realistisch zu betrachten und zu akzeptieren.[2] Damit ist gemeint, dass Sie Ihre Gefühle als berechtigte Reaktion auf Ihre Erlebnisse akzeptieren. Sie müssen erkennen, dass Sie ein Recht haben, so zu fühlen. Um an diesen Punkt zu kommen, müssen Sie mit großer Wahrscheinlichkeit das ursprüngliche Trauma in Gedanken »wieder erleben« und aussprechen, was Sie damals gefühlt haben. Auf diese Weise werden Sie auch endlich verstehen, warum diese Gefühle so unerträglich sind – für Sie und für die Menschen, die Ihren Schmerz damals nicht wahrnehmen wollten und nicht richtig darauf reagiert haben.

Dusty Miller hält betroffene Frauen dazu an, ihr selbstverletzendes Verhalten als die Wiederinszenierung früherer Traumata zu verstehen. Die traumatischen Erlebnisse wurden nicht artikuliert oder verarbeitet, außer in Form von Selbstverletzungen.[3] Für Dusty Miller ist das Erkennen und Bejahen des früheren und des momentanen Schmerzes ganz wesentlich. Es ist außerdem sehr wichtig, dass auch die Menschen aus Ihrer nächsten Umgebung Ihren Schmerz anerkennen. Bei manchen Frauen hat zuerst eine Therapeutin, der sie vertrauten, den Schmerz bejaht, dann enge Freunde und Lebenspartner. Andere haben mit ihrem Lebenspartner angefangen oder mit ihrer Selbsthilfegruppe. Das muss jede Frau für sich selbst entscheiden. Die Entscheidung hängt ganz davon ab, welche Menschen in Ihrem Leben eine entsprechende Rolle spielen.

> *Letzte Weihnachten wurde ich von meinen Panikanfällen überwältigt, und ich habe mich wieder selbst verletzt. Diesmal habe ich mich aber entschlossen, mit anderen darüber zu reden, und innerhalb von wenigen Tagen hatte ich das Problem wieder im Griff.* DEE

Ihr dringendes Bedürfnis nach Selbstverletzung wird schneller zu überwinden sein, wenn Sie Ihren Schmerz ausdrücken und dieser Schmerz von anderen Menschen wirklich anerkannt wird.

> *Am Anfang hatte ich nicht den Eindruck, dass das Sprechen über Gefühle den Druck von mir nehmen würde, mich zu schneiden. Aber als ich dann anfing, meine Gefühle wirklich mitzuteilen, und die Leute mir anscheinend tatsächlich zuhörten und mich verstanden, vergingen die Gefühle. Nicht sofort, aber sie verschwanden, sie sind wirklich verschwunden.* LUCY

Für uns alle ist es wichtig, dass unsere Gefühle bestätigt und erkannt werden, dass sie als normale Reaktionen betrachtet werden. Der Nutzen einer »guten« Therapie liegt größtenteils darin, dass der Therapeut erlaubt, bestätigt und stärkt. Egal, was für Gefühle Sie haben – Sie haben ein Recht darauf. Vielleicht brauchen Sie Hilfe, um diese Gefühle zu artikulieren. Vielleicht muss eine andere Person diese Aufgabe für Sie übernehmen, weil Sie Ihre Gefühle zu lange verleugnet haben oder weil Ihre Gefühle so lange von anderen Menschen verleugnet wurden. Sie wünschen sich möglicherweise eine Bestätigung dafür, dass Ihre Gefühle der jeweiligen Situation angemessen sind.

Manche Frauen empfinden dies anfangs als sehr ungewohnt, weil es nie zuvor in ihrem Leben passiert ist. Es ist sehr schwer seine Gefühle anzunehmen, wenn man immer gesagt oder vermittelt bekommt, dass man kein Recht auf solche Empfindungen hat. Es ist dann erst recht schwer zu glauben, dass man seine Gefühle mit anderen Menschen teilen darf. Vielleicht hat man Ihnen weisgemacht, dass Ihre normale und natürliche Reaktion unangemessen oder unbegründet ist. Möglicherweise hat man Ihnen auch weisgemacht, dass Sie nicht das Recht haben, wütend oder aggressiv zu sein. Die verleugneten Gefühle richten sich dann gegen Sie selbst. Deshalb ist es extrem wichtig, dass Ihre Gefühle von anderen Menschen anerkannt werden, besonders von den Menschen, die Ihnen wichtig sind.

Erzählen Sie Ihren Nächsten jeden Tag, wie es Ihnen geht. Diese Übung ist ein wichtiger und positiver Schritt nach vorne. Sie müssen auch lernen, mit Konflikten besser umzugehen. Vielen betroffenen Frauen fällt es sehr schwer, sich mit Angehörigen oder Freunden zu streiten. Statt ihre Wut auszudrücken, stauen sie sie auf. Dadurch kann es zu unvermittelten Wutausbrüchen kommen, die in keinem Verhältnis zu dem vorangegangenen Vorfall stehen. Oder die Wut wird aufgestaut und es kommt später zu einer Selbstverletzung.

Gefühlsausbrüche sind Teil des Heilungsprozesses. Sie müssen unbedingt lernen, Ihre Gefühle in Worten statt in Selbstverletzungen auszudrücken, und Sie müssen lernen, mit den Reaktionen anderer Menschen umzugehen. Ihre Mitmenschen, vor allem Ihre Angehörigen, müssen sich erst an Ihr neues Verhalten gewöhnen. Ihre Freunde und Vertrauten sind vielleicht schockiert oder überrascht, wenn Sie beginnen, über ihre Gefühle zu sprechen. Anfangs sind Sie vielleicht überempfindlich, aber mit der Zeit werden Sie lernen, Ihr Gefühlsrepertoire richtig auszubalancieren.

Als ich meinen Freund das erste Mal anschrie, war es für uns beide ein Schock. Er hatte etwas organisiert, was ich nicht wollte. Ich war verärgert. Normalerweise hätte ich in so einem Fall vor mich hin gebrütet, nichts gesagt, mich zurückgehalten. Ich hätte gehofft, dass er das merkt. Wenn er es nicht gemerkt hätte, wäre ich immer wütender und angespannter geworden, bis ich mich geschnitten hätte. Aber diesmal war alles anders, ich schrie ihn tatsächlich an und er schrie zurück. Dann fiel es uns auf, wir lachten, und er umarmte mich. Ich schrie ihn wirklich an, und er akzeptierte meine Wut. Es war erstaunlich. Ich fühlte mich so frei.

LUCY

Setzen Sie sich mit Ihrer Wut und Ihrem Kummer auseinander, teilen Sie Ihre Gefühle mit Ihren Mitmenschen. Damit übernehmen Sie Eigenverantwortung für Ihre Heilung. Aber übereilen Sie dabei nichts. Wenn Sie sich zu sehr zwingen, alles zu erinnern, können Sie davon überwältigt werden. Extreme Gefühle der Angst und des Abscheus können auftauchen, die Sie wahrscheinlich kaum werden verarbeiten können. Also setzen Sie sich nicht gleich mit allem auf einmal auseinander, sondern mit jedem Aspekt und mit jedem Gefühl zu seiner Zeit. Manche Therapeuten halten es für wichtig, dass die gesamte Geschichte erinnert und erzählt wird. Es kann aber genauso helfen, Ihre Geschichte nur auszugsweise zu erzählen. Langfristig gesehen ist dies auch leichter zu bewältigen. Möglicherweise erinnern wir Menschen uns aus diesem Grund fragmentarisch. Sobald wir die ersten Fragmente verdaut haben, tauchen die nächsten auf.

Über Gefühle sprechen, Bedürfnisse befriedigen

Fast allen Frauen fällt es sehr schwer, ihren Mitmenschen gegenüber ihre Bedürfnisse zu äußern. Wir sind so erzogen worden, dass wir unsere Gefühle nicht ausdrücken und unsere Wünsche nicht anmelden. Wir kümmern uns eher um die Bedürfnisse anderer Menschen als zu überlegen, was wir selbst brauchen. Durch Selbstverletzung können emotionale Bedürfnisse erfüllt werden, ohne dass man an seine Mitmenschen Forderungen stellen muss. Es müssen also neue Wege der Bedürfniserfüllung gefunden werden, um das selbstverletzende Verhalten zu beenden.

Ich führte ein Tagebuch und dadurch wurde mir klar, dass ich mich immer dann verletzte, wenn ich mich einsam fühlte oder wenn ich jemanden zum Trösten brauchte oder jemanden, der mich bemitleidete. Ich verletzte mich mit Absicht, aber ich ließ es nach einem Unfall aussehen. Ich sprach in der Gruppe darüber. Mir fiel ein, wie ich als kleines Mädchen immer mit meinen Schnitt- und Schürfwunden zur Schulkrankenschwester gegangen bin. Sie nahm mich in den Arm und danach ging es mir besser. Die Leute behandeln einen immer gleich viel freundlicher, wenn sie glauben, dass man einen Unfall hatte. Im Moment ist es nicht einfach. Ich übe gerade, meinen neuen Freundinnen in der Gruppe zu sagen, wann ich ihren Trost und ihre Zuneigung besonders brauche. Das ist ziemlich schwer. Ich habe immer Angst, dass sie mich ablehnen oder zurückweisen, aber das tun sie nicht.

SUE

Sie müssen sich erlauben, Ihre Gefühle zu erleben, damit Sie Ihre Bedürfnisse herausfinden können. In dieser Phase darf es keine Selbstverletzung geben. Manchmal hilft es, selbstverletzendes Verhalten als eine Sucht zu begreifen, denn möglicherweise haben Sie den Drang nach Selbstverletzung genauso empfunden. Mit dieser Sichtweise wird auch deutlicher, dass es ein schwieriger und langwieriger Prozess ist, selbstverletzendes Verhalten zu beenden.

Wir alle entwickeln durch Wiederholung Abhängigkeiten, gute wie schlechte. Das Ergebnis einer Handlung bewirkt, dass manche Handlungen öfter wiederholt werden als andere. Lassen sich durch eine bestimmte Handlung Stress und Anspannung verringern, so werden wir bei anderen Belastungen darauf zurückgreifen.

Als Teenager habe ich Drogen genommen. Ich weiß über Entzugserscheinungen Bescheid. Durch diese Beschreibung ist mir klar geworden, dass ich da durch muss. Wenn mir alles zu viel wird, sage ich mir: »Es geht vorbei, schreib deine Gefühle auf und versuch, sie zu verstehen. Irgendwann ist es vorbei.« Am Anfang hat es mich trotzdem nicht immer am Schneiden gehindert. Aber wenn es geklappt hat, war ich danach wirklich in Hochstimmung. STEPH

Es gibt nur einen Weg aus jeder Art von Abhängigkeit: aufhören und die »Entzugserscheinungen« durchmachen. Im Falle der Selbstverletzung heißt aufhören, dass Sie sich erlauben müssen, die schwierigen und schmerzhaften Gefühle, die so übermächtig wirken mögen, tatsächlich zu durchleben. Während der Entwöhnungsphase kann man kaum glauben, dass die Gefühle nur vorübergehender Natur sind und verschwinden werden. Bisher haben Sie geglaubt, dass Selbstverletzung diese Gefühle vertreiben kann. Diesen Irrglauben müssen Sie langsam und vorsichtig angehen. Wenn Sie eine Selbstverletzung auch nur eine Stunde aufschieben können, so erlangen Sie damit schon ein Stück Kontrolle wieder. Versuchen Sie jedes Mal, die Sache ein bisschen weiter hinauszuschieben. Vielleicht stellen Sie dabei fest, dass Sie den Schmerz auch ohne Selbstverletzung überstehen können, oder dass es harmlosere Techniken gibt, Spannungen abzubauen.

Wenn Sie in therapeutischer Behandlung sind, sollten Sie zu Beginn der Therapie einige Zeit speziell dafür aufwenden,

Wege zu finden, mit den schmerzhaften Gefühlen umzugehen, die dort angegangen werden müssen.

Artikulieren Sie Ihre Gefühle: entweder in Gesprächen oder durch Schreiben, Malen, Zeichnen, Bewegung. Das alles hilft Ihnen, das Trauma zu verarbeiten. Die Verarbeitung funktioniert ähnlich wie der Verdauungsprozess. Sie nehmen etwas auf, zerkleinern es in die kleinsten Einheiten, behalten die guten Teile und scheiden die schlechten wieder aus. Unsere positiven wie negativen Erfahrungen tragen zu unserem inneren Wachstum und unserer Entwicklung bei. Wir brauchen Mut, um die Vergangenheit zu verarbeiten. Dieser Mut entsteht aus der Hoffnung, dass das Leben dadurch besser wird. Erst wenn wir die Vergangenheit verarbeiten, eröffnet sich uns die Chance auf Veränderung und Verbesserung.

Eine Therapiestunde kann schon Auslöser für überwältigende Gefühle sein. Das muss in der Therapie angesprochen werden, weil Sie sonst womöglich die Sitzungen meiden, um sich davor zu schützen. Das Bedürfnis nach Selbstverletzung meldet sich häufig zwischen den Therapiestunden. Sie brauchen auch dann etwas zur Unterstützung. Es gibt ein paar Techniken, die Sie ausprobieren sollten, um selbstverletzendes Verhalten zu verhindern oder wenigstens aufzuschieben. Diese Techniken bedeuten noch nicht das Ende des selbstverletzenden Verhaltens, sondern sie sind nur ein Mittel zum Zweck. Sie sollen Ihnen einen Freiraum verschaffen und Ihnen zeigen, dass Sie Ihre Gefühle spüren können, ohne von ihnen überwältigt zu werden.

Ich kann immer noch nicht weinen oder meine Wut offen zeigen, aber ich bin schon ziemlich weit gekommen. Ich versuche jetzt, ein geradliniger Mensch zu sein, ein spontan fühlender Mensch, der keine Geheimnisse braucht.

Stacey

Selbstverletzende Verhaltensmuster durchbrechen

1. Gefühle teilen

Wenn Sie eine Vertrauensperson haben, mit der Sie direkt über Ihre Gefühle sprechen können, dann tun Sie das, auch wenn Sie glauben, dass sich die Intensität Ihrer Gefühle nicht in Worte fassen lässt. Fangen Sie an, indem Sie beschreiben, in welchen Körperregionen die Spannung sitzt. Beschreiben Sie Ihre körperlichen Empfindungen. Beschreiben Sie, wie Sie sich die Spannung vorstellen: Ist es ein Schmerz, eine Träne, ein scharfer Gegenstand oder ein schwerer Klotz? Wann hatten Sie früher schon dieses Gefühl? Wenn gerade niemand zum Sprechen in Ihrer Nähe ist, schreiben Sie Ihre Gefühle auf, vielleicht als Brief an sich selbst oder an eine nahe stehende Person. Bei einer anderen Technik füllen Sie einen Fragebogen zu Ihren Gefühlen und Ihrem Bedürfnis nach Selbstverletzung aus. Diesen Fragebogen können Sie selbst entwickeln oder sich von anderen dabei helfen lassen. Vielleicht fällt es Ihnen leichter, Ihre Gefühle nicht durch Sprache, sondern durch ein anderes Medium auszudrücken, wie etwa Zeichnen, Malen oder sogar Töpfern.

Es war immer ein Auslöser für mein selbstverletzendes Verhalten, wenn ich mir abstoßend vorkam. Ich kam mir widerlich vor, aber ich konnte es nicht sagen. Ich wollte genauso ekelhaft aussehen, wie ich mich fühlte. Ich habe meine Narben nie versteckt. Ich habe sie oft extra vorgezeigt, um jemanden abzuschrecken. Brandwunden eignen sich dazu besonders gut. Jean [eine Psychiatrieschwester, die Sheena sehr dabei unterstützt hat, ihre Gefühle mitzuteilen und mit den Selbstverletzungen aufzuhören] hat mir dabei geholfen, meine Gefühle auszudrücken, statt mich zu verletzen. Sie hat nie behauptet, dass ich nicht abschreckend bin. Ich glaube, dann hätte ich mich noch mehr verletzt. Sie hat mich gefragt, welche Regionen meines Körpers widerlich sind, und wir haben zusammen über die Gründe nach-

gedacht. Sie hat mir wirklich geholfen zu verstehen, dass ich mich so widerlich fühlte, weil ich ihn in mir spürte. Wenn sie frei hatte, zeichnete ich, wie ich meinen Körper fühlte. Das hatte sie mir vorgeschlagen. Am Ende konnte ich sagen, was ich brauchte: Ich brauchte die Bestätigung, dass ich nicht ekelhaft bin, und ich brauche jemanden, der sich um mich kümmert und für mich sorgt, so wie ich bin. SHEENA

2. Ablenkung suchen

Manche Frauen können sich so weit ablenken, dass sie eine Krise überstehen können, ohne sich selbst zu verletzen. Einige Frauen haben Rituale entwickelt, die eingehalten werden müssen, bevor sie sich selbst die Selbstverletzung »erlauben«. Schon dadurch kann manchmal die Krise vorübergehen und die Selbstverletzung vermieden werden. Paradoxerweise gibt dieses System den Frauen ein Gefühl der Kontrolle. Das hilft ihnen, den Drang nach Selbstverletzung zu überwinden.

Andere Ablenkungen können beispielsweise sein:

- Finden Sie eine Betätigung, die nicht mit Selbstverletzung in Einklang zu bringen ist: Treffen Sie jemanden, gehen Sie aus, kümmern Sie sich um sich oder um andere Menschen.
- Nutzen Sie Entspannungstechniken. Es gibt eine große Auswahl von entsprechenden Kassetten, die Sie durch die nötigen Schritte führen. Regelmäßige Entspannungsübungen wie zum Beispiel Meditation, Yoga oder Tai Chi verändern mit der Zeit radikal Ihren Stoffwechsel, aber in einer akuten Krise bringen sie wenig, wenn Sie sie nicht zuvor schon länger gemeistert haben.

Ablenkung und Entspannungstechniken können manchmal helfen, manchmal nicht. Werfen Sie nicht gleich die Flinte ins Korn, wenn eine Technik einmal nicht funktioniert. Das heißt nur, dass es diesmal für Sie nicht geklappt hat. Da verschiedene Gefühle den Drang nach Selbstverletzung auslösen können, ist es sinnvoll, jedes Mal andere Techniken einsetzen zu können.

Als ich anfing, mit meiner Therapeutin zu arbeiten, war ich sehr erstaunt, dass sie anscheinend wirklich hören wollte, was ich fühlte. Erst damals erkannte ich, dass ich eigentlich gar nicht wusste, was ich fühle. Ich wusste nur, dass es mir schlecht ging, ohne zu wissen, was genau das war. Trotzdem hatte ich immer noch den Drang nach Selbstverletzung. Schließlich fand ich heraus, dass ich mich nicht schneiden musste, wenn ich mit dem Auto ins Moor fuhr und an einem ruhigen Plätzchen anhielt. Dort konnte ich einfach schreien. Also schrie und schrie ich, und danach konnte ich endlich weinen. Ich hatte seit meiner Kindheit nicht mehr geweint. Es war die Mischung aus Konzentration beim Autofahren und der Erlaubnis zu schreien, die mir geholfen hat.

DEBBIE

3. Ersatz finden

Eine Form der Selbstverletzung durch eine andere zu ersetzen, ist nicht ungewöhnlich, wobei der Ersatz leider meistens mindestens ebenso gefährlich ist wie das Original. Viele Frauen verwenden verschiedene Methoden der Selbstverletzung, und wechseln diese von Zeit zu Zeit. Tyler aß tagelang gar nichts und trank nur Cola light. Dann fing sie wieder an zu essen, aber nahm so viele ihrer Medikamente auf einmal, dass sie den ganzen Tag betäubt war. Ein andermal schnitt sie sich oder verbrannte sich mit Zigaretten, aber aß normal und nahm fast keine Tabletten. Dieses Muster ist nicht ungewöhnlich.

Ich fing an, mich bei der Arbeit zu schneiden. Wenn die Wunden verheilten, zupfte ich daran herum, damit sie wieder bluteten. Zu dieser Zeit waren meine Essgewohnheiten sehr seltsam. Ich schwankte zwischen Hungerphasen und Phasen der Völlerei. Ich habe irgendwann auch Abführmittel ausprobiert. Ich hatte außerdem Probleme mit Panikanfällen.

DEE

Weinen – unmöglich. Rasierklingen – ja. Alkohol – ja. Tabletten – ja. LISA

Wenn Sie gerade angefangen haben, sich mit ihren innersten Gefühlen auseinander zu setzen, können Sie eine Selbstverletzung vermeiden, indem Sie sich auf ungefährlichere Weise verletzen. Manche Frauen zerdrücken beispielsweise Eiswürfel oder lassen Gummibänder gegen ihre Haut schnappen. Das ist wesentlich harmloser als die meisten anderen Methoden, aber häufig vermittelt es nicht genug Sinnesreize, um eine wirkliche Alternative darzustellen. Es kann aber eine vorübergehende Lösung sein, bis Sie eine andere Möglichkeit gefunden haben, mit ihren Gefühlen umzugehen. Manche Frauen finden, dass Sport eine gute Möglichkeit ist, angestaute Aggressionen loszuwerden. So ist zum Beispiel Squash besonders geeignet, wenn Sie angespannt und wütend sind. Sie können den Ball hart gegen die Wand schlagen und dabei schreien und brüllen, ohne dass es auffällig wirkt. Sie brauchen zu diesem Spiel noch nicht einmal einen Partner. Natürlich sind manche Sportarten leichter auszuüben als andere, aber mit der wachsenden Zahl von Sport- und Fitnesszentren werden immer mehr Sportarten für alle zugänglich.

Versuchen Sie auch, Ihre negativen Gefühle durch positivere Gefühle zu ersetzen. Während einer Krise kann man schnell vergessen, dass man geliebt und geschätzt wird. Kharre empfiehlt, eine kleine Notfallbox anzulegen, in der sich lauter Sachen befinden, die Sie an die guten Zeiten in Ihrem Leben oder an angenehme Gefühle erinnern.[4] Gerade wenn man niedergeschlagen oder wütend auf sich selbst ist, ist es schwer, an angenehme Gefühle zu denken. Deshalb ist es eine gute Idee, ein Kästchen zu haben, das voller kleiner Gegenstände, Briefe und Bilder ist, die Ihnen etwas bedeuten. Natürlich wird diese Technik nicht immer funktionieren. Vielleicht schauen Sie sich das Kästchen besser regelmäßig an und nicht erst mitten in einer seelischen Krise. Auch diese

Technik hilft am besten, wenn Sie gerade anfangen, Ihre innersten Gefühle mitzuteilen und von einer Vertrauensperson Feedback bekommen.

4. Auslösemechanismen erkennen und vermeiden

Auslösemechanismen lassen sich erkennen, wenn Sie alle Situationen, Gedanken und Gefühle protokollieren, die zu einer Selbstverletzung geführt haben. Wenn Sie wissen, welche Faktoren und Situationen Sie verstören oder wahrscheinlich zu einer Selbstverletzung führen, können Sie versuchen, diese Faktoren entweder ganz zu vermeiden oder ihren Einfluss zu reduzieren. Unter Umständen müssen Sie dafür Ihren Lebensstil ziemlich radikal ändern. Zu den typischen Auslösern gehören:

- Alkohol
- Tabletten und Drogen
- Freunde, die sich selbst verletzen
- Kontakt mit bestimmten Menschen, zum Beispiel jemand, der Sie in der Kindheit missbraucht hat, oder jemand, der bis heute leugnet, dass Sie missbraucht wurden
- Ausnutzung am Arbeitsplatz oder in Freundschaften

Es ist extrem wichtig, dass Sie wenigstens einige Faktoren erkennen, die Ihre Anfälligkeit für Selbstverletzung steigern. Alkohol und andere Rauschmittel erleichtern es, dass der Kontakt zwischen Ihrem denkenden und Ihrem fühlenden Selbst unterbrochen ist. Wenn Alkohol und Drogen in großen Mengen konsumiert werden, ist dies auch eine Form der Selbstverletzung. Es ist wenig wahrscheinlich, dass ein Ausschalten der Emotionen die versteckten Gefühle löst, die ursprünglich zur Selbstverletzung geführt haben.

Der Kontakt mit anderen betroffenen Frauen kann Ihnen sehr helfen, aber dieser Effekt kann nach einer Weile nachlassen. Vielleicht bekommen Sie den Eindruck, dass es bei Ihnen nicht mehr so schnell vorangeht. Oder die Geschichten der anderen Frauen gehen Ihnen so nah, dass Sie wieder das Bedürfnis nach Selbstverletzung spüren. Das Verarbeiten Ihres eigenen Traumas wird belastend genug gewesen sein und Sie könnten den Wunsch haben, mit der Vergangenheit abzuschließen.

Der Kontakt mit Menschen, die Sie missbraucht haben, ist extrem schädlich. Es ist sehr schwer, dabei bei sich zu bleiben. Der Anblick dieser Person, ganz zu schweigen vom Riechen, Hören oder Berühren, bringt wahrscheinlich viele unerwünschte Erinnerungen hoch und sehr großen emotionalen Stress mit sich. Auch der Kontakt mit Leuten, die weiterhin abstreiten, dass Sie missbraucht wurden, kann heftige Gefühle auslösen und zu einer Selbstverletzung führen.

Tyler verstand sich sehr gut mit ihren jüngeren Brüdern und wollte sie weiterhin sehen. Dies war nur im Haus ihrer Eltern möglich. Ihre Mutter glaubte ihr nicht, dass sie von ihrem älteren Bruder missbraucht worden war. Er war im Elternhaus immer noch willkommen, aber sie war es nicht. Ihre Eltern waren stolz auf ihn und schämten sich für sie. Nach fast jedem Besuch fügte sie sich Schnitt- oder Brandverletzungen zu oder sie nahm eine Überdosis Tabletten.

Du siehst mich an, so wie du mich angeschaut hast, als ich ein Kind war, mit einer Mischung aus Abscheu und Hass in den Augen.
Ich erinnere mich sehr gut an diesen Blick,
du konntest mich von Anfang an nicht leiden.
Jetzt hasse ich mich,
richte all meine Wut gegen mich selbst, missbrauche meinen Körper,
so wie er mich missbraucht hat.
Und wenn ich in euer Haus komme, steht sein Foto da,
aber keins von mir,
du sagst, ich soll durch die Hintertür reinkommen,
damit die Nachbarn mich nicht sehen.
Sobald ich durch diese Tür trete, wächst mein Selbsthass,
wenn ich wieder gehe, möchte ich am liebsten sterben.
Hast du je gewollt, dass ich lebe? TYLER

Vielleicht sind Sie gezwungen, den Kontakt mit Familienmitgliedern oder anderen Menschen, die Sie sehr belastet haben, aufrecht zu erhalten. Um den negativen Einfluss dieser Begegnungen zu verringern, können Sie beispielsweise jemanden mitnehmen, der (oder die) Ihre Erfahrungen mit Ihrer Familie bezeugt. Eine andere Möglichkeit ist es, zwei Verabredungen hintereinander zu legen. Treffen Sie zuerst Ihre Angehörigen und danach einen Menschen, der einen guten Einfluss auf Sie hat. Dadurch ist die Begegnung mit Ihrer Familie von vornherein zeitlich begrenzt und Sie treffen danach ein positives »Gegenmittel«.

Nicht nur Menschen aus Ihrer Vergangenheit können das Bedürfnis nach Selbstverletzung bei Ihnen auslösen. Auch Ereignisse in der Gegenwart können zum Auslösemechanismus werden, wenn sie ähnliche Gefühle in Ihnen erregen. Dies kann am ehesten in erneuten schädlichen Beziehungen oder Situationen passieren, aber auch dann, wenn irgendetwas in Ihrem normalen Alltag sehr starke Gefühle auslöst. Vielleicht fällt es Ihnen schwer zu lernen, mit Gefühlsausbrüchen gegenüber anderen Menschen umzugehen.

Heute war ein Streit mit meinem Freund der Anlass. Wenn ich seelisch leide, habe ich den Eindruck, dass ich auch körperlich leiden sollte. DEBBIE

Sie müssen nicht für immer und ewig Ihren möglichen Auslösemechanismen aus dem Weg gehen. Zu manchen Zeiten sind Sie vielleicht anfälliger dafür als sonst. Von Zeit zu Zeit sollten Sie neu überdenken, welche Faktoren als Auslöser wirken können. Es können sich Veränderungen ergeben und Sie können zum Beispiel ein Glas trinken, ohne dass es gleich in ein selbstzerstörerisches Saufgelage ausartet. Oder Sie können an einer Selbsthilfegruppe teilnehmen, ohne dass Ihr eigenes Trauma wieder hochkommt.

5. Sich um sich selbst kümmern (Selbstfürsorge)

Viele Frauen, die sich selbst verletzen, spüren Schmerz und Verzweiflung nicht mehr. Sie nehmen aber auch die ganz normalen Signale des Körpers für Hunger und Durst, Kälte oder Müdigkeit nicht mehr wahr.

> *Ich erreichte einen Zustand, in dem ich überhaupt keinen körperlichen Schmerz mehr spürte.* SHARON

Sie müssen dafür sorgen, dass Sie genug essen und ausreichend schlafen und dass Ihre Grundbedürfnisse erfüllt werden. Vielen betroffenen Frauen fällt das schwer. Bei kleinen Kindern sorgen die Eltern, vor allem die Mütter, für eine Erfüllung der Grundbedürfnisse. Wenn Ihre Bedürfnisse als Baby nicht oder nur unregelmäßig erfüllt wurden, haben Sie vielleicht nicht gelernt, die Signale Ihres Körpers zu verstehen. Dann müssen Sie es jetzt erlernen. Wann haben Sie Hunger und brauchen etwas zu essen? Was möchten Sie essen? Wie viel Schlaf brauchen Sie? Wie reagiert Ihr Körper auf Temperaturschwankungen? Wie oft sind Sie durstig? Vielleicht hatten Sie auch als Kind ein wesentlich besseres Gefühl für Ihre Körpersignale, bevor ein traumatisches Ereignis Sie von Ihren Gefühlen entfremdete. Dieses Körpergefühl müssen Sie wiedererlangen. Pflegen Sie sich, wenn Sie krank sind. Lassen Sie andere Menschen gewähren, die Ihnen helfen wollen. Viele Frauen verletzen sich nicht, wenn sie krank sind, vielleicht weil eine »körperliche« Krankheit eher dazu führt, dass die Mitmenschen sich um sie kümmern.

6. Sich selbst Grenzen setzen

Es kann hilfreich sein, seinem selbstverletzenden Verhalten gewisse Einschränkungen aufzuerlegen. Vielleicht haben Sie das bereits getan. Man kann sich bestimmte Orte, Zeitpunkte oder Handlungen verbieten. Sie können auch anfangen, Teile des Instrumentariums loszuwerden, mit dem Sie sich selbst verletzten, oder es wenigstens nicht ständig bei sich tragen.

Ich habe kein Glas mehr angerührt und ich habe schon vor Ewigkeiten alle halbleeren Flaschen unter dem Bett weggeworfen. Ich habe keine einzige Flasche in meiner Handtasche! Und gestern habe ich die Rasierklinge weggeworfen, wie wir es besprochen hatten. Es war ein schrittweiser Prozess. Ich konnte es nicht sofort tun. Ich trug sie früher immer mit mir rum. Dann brauchte ich sie nicht mehr bei mir, aber ich musste genau wissen, wo sie liegt. Jetzt kann ich sie wegwerfen, kann ganz ohne sie sein. LISA

Auf die gleiche Weise können Sie bestimmte Orte zu verbotenen Zonen erklären, sich zum Beispiel nur im Badezimmer schneiden. Dazu müssen Sie Ihre Lebensumstände berücksichtigen. Die meisten Frauen mit Kindern würden sich zwar nie vor deren Augen verletzen, aber Sie müssen sich trotzdem darüber Gedanken machen. Kinder neigen nämlich dazu, unerwartet in ein Zimmer zu kommen, und sie haben vielleicht schon ein Gespür dafür entwickelt, wann etwas mit Ihnen nicht stimmt. Kinder können sich die größten Sorgen machen und sich aufdrängen. Dies kann Ihnen auch mit Lebenspartnern, Eltern oder Freunden passieren, und deren »Bedrängen« kann Ihre Spannung erhöhen und Sie erst recht zur Selbstverletzung treiben. Man muss allerdings deutlich zwischen der Besorgnis von Kindern und der von Erwachsenen unterscheiden. Kinder sind neugierig und stellen direkte Fragen. Sie müssen sich Ihre Antworten vorher überlegen. Je nachdem, wer Sie fragt, muss die Antwort vielleicht unterschiedlich ausfallen. Sie dürfen aber nie Ihre Gefühle auslassen oder verleugnen, denn gerade dieses Verleugnen der Gefühle war ein wichtiger Punkt bei der Entstehung Ihres selbstverletzenden Verhaltens.

Aussetzer und Rückschläge

Wenn wir etwas in unserem Leben verändern wollen, kann es passieren, dass wir bei Gelegenheit wieder in die altbekannten Verhaltensmuster zurückfallen. Deshalb sind wir noch lange keine Versager, und wir müssen uns dafür nicht bestrafen. Ein Rückfall ist ganz normal, denn ein Veränderungsprozess verläuft selten geradlinig. Verheimlichen Sie Ihre Rückfälle nicht. Sie haben keinen Fehler gemacht. Es trifft Sie keine Schuld. Sie haben ein Recht auf Ihre Gefühle, egal, welche das sind. Es ist ein schwerer Kampf, selbstverletzendes Verhalten aufzugeben. Nehmen Sie deshalb jegliche Hilfe und Unterstützung an, die Sie kriegen können. Sie müssen nicht alles in sich hineinfressen und Sie müssen nicht alles mit sich selbst abmachen.

Manchmal ist es wie drei Schritte vor und zwei zurück. Die Mauer ist zwar weg, aber für alle Fälle sind die Ziegelsteine noch da. Ich gehe raus und sehe mich um, aber manchmal bekomme ich große Angst, renne zurück und schichte ein paar Steine auf, um mich zu verstecken. Allerdings zementiere ich sie nicht mehr fest ein. Dann baue ich sie wieder ab und gehe wieder raus. Langsam lerne ich, dass es weniger unheimlich ist, wenn ich nach der Hand von jemandem greife. Und wenn ich doch Angst bekomme, können Menschen mich besser trösten als Steine. CATHY

Kapitel 7

Familie und Freunde: Was die Umgebung tun kann

Die meisten Frauen, die wegen einer Selbstverletzung in die Notaufnahme kommen, haben verschiedene Beziehungen: Sie haben Lebenspartner, gute Freunde oder Kinder. Aber über diese Menschen ist bisher wenig geschrieben worden. Es ist kaum etwas darüber bekannt, wie sie vielleicht helfen oder wie sie die Situation negativ beeinflussen können und was sie über Selbstverletzung denken. Und das, obwohl betroffene Frauen immer wieder berichten, dass durch Sorgen um ihre Beziehungen oder Kinder oder durch Familienkonflikte Selbstverletzung ausgelöst wurde.[1]

Mein Verhältnis zu meinen Eltern ist nicht gut genug, um darüber zu sprechen, und meine beiden Schwestern sind zu jung, um das zu verstehen. Ich würde es niemals meinen Freunden erzählen, denn sie haben ein ganz anderes Bild von mir. Außerdem sind wir sowieso nicht eng genug befreundet. Mit meinem Freund ist es allerdings am schlimmsten. Er will einfach nicht zuhören. Wir hatten einige harte Auseinandersetzungen deswegen. Dadurch werde ich noch deprimierter, und ein- oder zweimal habe ich mich deswegen geschnitten. CARLY

Wenn Sie sich nicht selbst verletzen, können Sie nur sehr schwer verstehen, warum sich andere Menschen solche Verletzungen zufügen. Möglicherweise möchten Sie etwas tun, von dem Sie glauben, dass es hilft, aber was Sie tun, scheint die Situation zu verschlimmern. Sie lieben diese Frau vielleicht sehr, aber fühlen sich von ihren Verletzungen abgestoßen. Sie fühlen sich verletzt und sind frustriert, wenn sie nicht aufhören kann. Sie können vielleicht nicht verstehen, warum sie nicht einfach aufhören kann, wo Sie sich doch so sehr um sie kümmern und ihr helfen wollen. Sie sind bekümmert und frustriert, weil ein geliebter Mensch sich so schwer verletzt, und deshalb haben auch Sie das Bedürfnis nach Unterstützung.

Dieses Kapitel beschäftigt sich mit einigen dieser Schwierigkeiten. Viele Frauen, die sich selbst verletzen, wissen um die Probleme, die sie ihren Angehörigen und Freunden damit verursachen. Manchmal haben sie Angst, dass sie ihr selbstverletzendes Verhalten nicht in den Griff bekommen, und dass sie dadurch die Menschen verlieren können, die sie am meisten brauchen. Schließlich ist eine Partnerschaft, in der man Unterstützung bekommt, das beste Hilfsmittel, um dem Kreislauf des selbstverletzenden Verhaltens zu entkommen. In der Beziehung zu einer Frau, die sich selbst verletzt, muss man darauf hinarbeiten, die speziellen Faktoren zu verstehen, die den Drang einer Frau nach Selbstverletzung erhöhen oder auch reduzieren. Es geht auch darum, sie dabei zu unterstützen, den Ursprung ihres selbstverletzenden Verhaltens zu entdecken und andere Wege zu finden, mit ihren Problemen umzugehen.

Mein armer Mann fühlte sich verantwortlich und muss sich zuweilen gefragt haben, was um alles in der Welt er in mir gesehen hatte. Ich weiß, dass ich mich nicht seinetwegen selbst verletzt habe, und das Mindeste, was er mir gab, war Stabilität, die einzige, die ich in meinem Leben hatte. Und so haben wir hart daran gearbeitet, mein Problem zu verstehen. Dee

Wie auch der Rest des Buches sind die folgenden Hinweise dazu gedacht, sowohl den betroffenen Frauen zu helfen als auch den Menschen, die ihnen nahe stehen, um für ein größeres gegenseitiges Verständnis zu sorgen.

❑ Bitte informieren Sie mich regelmäßig über die Bücher aus dem KREUZ Verlag. Folgende Themen interessieren mich besonders:

01 ❑ Religion und Spiritualität
02 ❑ Psychologie und Lebenshilfe
03 ❑ Tod und Sterben
04 ❑ Märchen, Mythen, Symbole
05 ❑ Frauenthemen
06 ❑ Bücher zum Verschenken
07 ❑ Die Bücher aus der Edition Schaffer
08 ❑ Gesamtprogramm/Neuerscheinungen
09 ❑ Medizin und Gesundheit
10 ❑ Ratgeber
11 ❑ Musik-CDs
12 ❑ Eltern, Kind, Familie
13 ❑ Elektronische Publikationen (CD-ROM)
14 ❑ Kinder- und Jugendbücher

00 ❑ Bitte informieren Sie mich auch über die religiösen Zeitschriften aus dem KREUZ Verlag

____
Vorname/Name oder Institution

____
Straße, Nr.

____
PLZ/Wohnort

Bitte
freimachen.
Danke.

Antwort

Kreuz Verlag
– Leserservice –
Postfach 80 06 69

D-70506 Stuttgart

Liebe Leserin, lieber Leser,

wir informieren Sie gerne über weitere Bücher und die Zeitschriften aus dem Kreuz Verlag. Schicken Sie einfach diese Karte ausgefüllt zurück. Übrigens: Wenn Sie gerade Zeit und Lust haben, beantworten Sie doch die nebenstehenden Fragen. Ihre Antworten würden uns helfen, unsere Arbeit effektiver zu machen und noch besser auf die Wünsche unserer Leserinnen und Leser abzustimmen.
Herzlichen Dank!
Es grüßt Sie

Ihr
Kreuz Verlag

B. Friedrich

Dipl.-Ing. Bernd Friedrich
Geschäftsführer

Hier meine Antworten

Diese Karte entnahm ich dem Buch

____

Haben Sie dieses Buch
❑ gekauft ❑ geschenkt bekommen?

Wurden Sie auf dieses Buch aufmerksam durch
❑ Ihren Buchhändler ❑ Empfehlung
❑ Werbung; Besprechung in ❑ Funk ❑ TV
❑ Zeitung/Zeitschrift

Wie hat Ihnen dieses Buch gefallen?
❑ sehr gut ❑ geht so ❑ gar nicht

Kannten Sie den KREUZ Verlag bereits?
❑ ja ❑ nein

Welche Themen interessieren Sie?
❑ Familie, Eltern, Kinder ❑ Selbsterfahrung, Therapie ❑ Bibel und Gemeinde
❑ Postkarten, Poster, Bildbände
❑ Kinder- und Jugendbücher ❑ Umwelt, Natur
❑ Politik, Alltag ❑ Populäre Wissenschaft
❑ Kulturelle Themen

Wo kaufen Sie Ihre Bücher?
❑ Bei meinem Buchhändler ❑ Bahnhofsbuchhandel ❑ Versandbuchhandel ❑ Kaufhaus
❑ per Internet

Wie viele Bücher kaufen Sie ungefähr pro Jahr?
❑ 1 bis 2 ❑ ca. fünf ❑ ca. zehn ❑ mehr

Interessieren Sie sich für Musik? ❑ ja ❑ nein

Interessieren Sie sich für Multimedia-Produkte? ❑ ja ❑ nein

Verraten Sie uns Ihr Alter? ____________ Jahre.

Die Ursachen verstehen

In der Beziehung zu einer betroffenen Frau ist das Verstehen eine Möglichkeit, beiden Seiten zu helfen. Sie müssen verstehen, wie es zu ihrem selbstverletzenden Verhalten kam, warum und wann sie es tut, und auch was es für sie bedeutet. Dadurch können Sie auch besser verstehen, warum manche scheinbar ganz geringfügigen Vorkommnisse in ihrer Beziehung zu einem Fall von Selbstverletzung führen können. Wenn Sie als betroffene Frau mit den Selbstverletzungen aufhören wollen, ist es ganz wichtig, dass Sie mit Ihrer Vertrauensperson offen über alles sprechen können.

Einen sehr wichtigen Einfluss haben die früheren Beziehungsstrukturen, in denen das selbstverletzende Verhalten angefangen hat. Das kann entweder eine entwertende Umgebung gewesen sein, oder es ist zu offenen körperlichen Misshandlungen, emotionalem oder sexuellem Missbrauch gekommen. Die Gründe für selbstverletzendes Verhalten können vielschichtig sein. Sie müssen immer wieder verschiedene Ursachen bedenken, um herauszufinden, wie Sie am besten Hilfe anbieten können. Wenn Sie verstehen, warum die betroffene Frau sich über bestimmte Dinge aufregt, können Sie ihr ihre Erfahrung bestätigen und in einer Weise reagieren, die sie als positiv und konstruktiv empfindet.

Ein Beispiel: Als Julie noch nicht fünf Jahre alt war, bemerkte ihre Mutter, dass ihre Tochter häufig den Wundschorf von ihren Knieverletzungen kratzte. Dann ging Julie zu ihrer Mutter, um sich trösten und in den Arm nehmen zu lassen. Julies Mutter gab diesem Wunsch nach, machte sich aber Sorgen, als Julie immer öfter mit aufgekratzten Wunden zu ihr kam.

Julie setzte dieses Verhalten fort, aber anfangs war ihrer Mutter nicht klar, dass ihre Tochter sich die Verletzungen selbst zugefügt hatte. Julie benutzte zuerst die Klinge ihres Bleistiftanspitzers und später die Verschlüsse von Getränkedosen. Nach einer Weile fiel der Mutter auf, dass die Schnitte immer gleich und sehr präzise waren. Ihr wurde nach und nach klar, dass Julie sich selbst geschnitten hatte. Julies Mutter konnte nicht verstehen, warum Julie das machte. Es gab allerdings ein noch schrecklicheres Geheimnis, das Julie ebenfalls nicht erzählen konnte: Ihr Vater missbrauchte sie. Als Julie sechzehn Jahre alt war, konnte sie nach jahrelangem Missbrauch endlich sagen, was passiert war. Ihre Mutter konnte es nicht glauben. Julie verließ ihre Familie, während ihr Vater zu Hause blieb. Julies selbstverletzendes Verhalten wurde immer schlimmer: Sie schnitt sich mit Rasierklingen und Glasscherben in Arme, Beine und Bauch, schlug mit den Fäusten gegen Wände, hungerte, rauchte und trank übermäßig.

Julies Erfahrungen ähneln denen vieler junger Frauen. Zuerst zeigte ihre Mutter Mitgefühl und reagierte vollkommen richtig mit Trost und vielleicht auch Nachgiebigkeit. Aber nach einer Weile schenkte die Mutter der Sache weniger Aufmerksamkeit. Egal, wie schwer Julie sich verletzte, sie konnte die liebevollen Momente, die sie anfangs mit ihrer Mutter genossen hatte, nicht wiedererlangen.

Julie war auf sich und auf ihren Vater wütend und richtete ihre Wut gegen sich selbst. Durch ihre Selbstverletzungen konnte sie die Gedanken und Gefühle blockieren, die sie wegen des sexuellen Missbrauchs hatte. Dadurch konnte sie etwas noch Schrecklicheres stoppen, nämlich die Gedanken und Gefühle, die damit zusammenhingen, dass ausgerechnet ihr Vater es ihr angetan hatte. Dies ist einer der Gründe, warum Julie sich auch nach dem Ende des Missbrauchs weiter verletzte. Die Menschen, die sich um Julie kümmerten, waren jedoch erstaunt, dass sich Julie häufiger und heftiger verletzte, nachdem sie ihrer Mutter alles erzählt hatte. Dieses Verhalten wird aber verständlicher, wenn man bedenkt, dass Julie dadurch die Fürsorge und Aufmerksamkeit ihrer Mutter verloren hatte. Die Mutter konnte einfach nicht glauben, was ihre Tochter ihr erzählte. Dadurch fühlte Julie sich von ihrer Mutter verraten und verlassen. Julie war wütend und verletzt.

Wenn später jemand freundlich zu Julie war und sich um sie kümmern wollte, wurde sie dadurch an die verlorene Fürsorge ihrer Mutter erinnert. Wenn jemand ihr Fragen nach dem sexuellen Missbrauch stellte, sah Julie dies unbewusst als Beweis dafür an, dass diese Person ihr nicht glaubte. Sie konnte aus Angst vor weiterer Zurückweisung nichts davon ausdrücken und darum »bewältigte« sie dieses Gefühl durch Selbstverletzung.

Für Julie wie für zahlreiche andere betroffene Frauen kann es viele verschiedene Auslöser geben, die sowohl den eigenen Erinnerungen als auch gegenwärtigen Ereignissen entspringen. Für die Menschen, die sich um betroffene Frauen kümmern, und für die Frauen selbst kann die Suche nach dem jeweiligen Auslöser sehr verwirrend sein. Es ist hilfreich, wenn beide Seiten zusammen versuchen, alles minutiös zu untersuchen, was vor der Selbstverletzung passiert ist. Dazu gehören auch die Gedanken und Gefühle, die dem vorangingen. Dadurch können Sie beide besser verstehen, welche Art von Hilfe gebraucht wird.

So können Sie helfen

Was macht man, wenn sich ein geliebter Mensch selbst verletzt?

Manchmal hat eine Frau keine Möglichkeit, ihre sich selbst zugefügten Verletzungen zu verstecken. In den meisten Fällen hält sie es jedoch geheim, und es finden sich keine äußeren Anzeichen.

Mein Problem ist, dass die Leute immer einen ganz falschen Eindruck von mir haben. Wenn ich glücklich bin, dann bin ich sehr glücklich, aber wenn es mir schlecht geht, bin ich kurz vor dem Selbstmord. Die Leute denken, dass ich keinerlei Sorgen hätte. Das ist genau das, was sie denken sollen, denn ich will nicht, dass sich jemand um mich sorgt.

Meine Mutter macht sich viele Sorgen um mich. Ich weiß, dass sie sich sehr aufregen würde, wenn sie wüsste, was ich getan habe. Also tue ich weiterhin so, als ob ich mir um nichts Sorgen machen würde. LISA

Lisas Mutter hatte die Schnitte an den Armen und Beinen ihrer Tochter wahrgenommen, aber sie machte sarkastische Bemerkungen darüber. Sie fragte, ob die Katze Lisa gekratzt hätte. Sie zeigte keine Beunruhigung wegen der Schnitte. Als Lisa »in Pflege« im Krankenhaus war, sagte auch niemand vom Pflegepersonal etwas zu den Schnitten. Obwohl die Schnitte deutlich sichtbar waren, fühlte sich niemand dazu in der Lage, das Thema anzusprechen.

Manchmal befürchten die Leute, dass ihre Fragen Verlegenheit auslösen. Trotzdem sollten Sie nachfragen und Ihre Besorgnis äußern, wenn Ihnen bei einer Ihnen nahe stehenden Person etwas auffällt. Vielleicht wissen Sie, dass eine Frau sich früher schon selbst verletzt hat und dass die letzte Zeit besonders belastend für sie war. Dann sollten Sie fragen, ob sie reden möchte oder ob sie sich kürzlich selbst verletzt hat. Für die Betroffenen kann es eine Erleichterung sein, wenn sie darauf angesprochen werden, statt selbst davon anfangen zu müssen oder ihre Wunden jemandem zeigen zu müssen. Es kann so heilsam sein, wenn jemand den seelischen Schmerz wahrnimmt und die Hilfe anbietet, die schon vor so langer Zeit hätte kommen sollen.

Ich versuchte, meine Probleme für mich zu behalten, aber eine Freundin sah mein Handgelenk, als mir in der Schule der Ärmel verrutschte. Sie unterstützte mich sehr. Ich musste ihr versprechen, es nicht wieder zu tun, und mit der Zeit bewältigte ich meine Depression. REBECCA

Eine Frau, die sich selbst verletzt, braucht Fürsorge und Aufmerksamkeit, wenn sie ihr selbstverletzendes Verhalten überwinden soll. Es bringt wenig, zu ihr zu sagen: »Nun ist aber Schluss damit.« Es ist besser, ihr zu sagen: »Lass mich dir helfen, damit es dir besser geht«, weil dies wenigstens den Schmerz hinter der Verletzung anerkennt. Wenn Sie als betroffene Frau das Gefühl haben, dass Ihre nächsten Angehörigen und Freunde das Ausmaß Ihrer Qual nicht erkennen, sollten Sie sich anderweitig um Unterstützung bemühen, zum Beispiel in einer Selbsthilfegruppe.

Für mich persönlich war Liebe das Heilmittel. Ich wollte jemanden, der mich liebt. Jetzt bin ich sehr glücklich mit einem liebevollen, sanften und verständnisvollen Mann verheiratet, den ich im Krankenhaus kennen gelernt habe. Wir haben uns gegenseitig sehr geholfen. Ich bin sehr glücklich, dass ich endlich die Liebe gefunden habe. Liebe ist meine Medizin. NICKI

Liebe und Fürsorge sind sehr wichtige Faktoren bei der Heilung einer Frau, die sich selbst verletzt. Aber nur in den seltensten Fällen reicht dies allein schon aus, um das selbstverletzende Verhalten zu beenden. Darum sollten Sie nicht glauben, dass die betroffene Frau Ihre Liebe und Aufmerksamkeit zurückweist, wenn sie sich weiterhin selbst verletzt. Die meisten Frauen müssen sich besonders mit den Auslösemechanismen ihres Verhaltens auseinander setzen und andere Wege finden, ihre Gefühle auszudrücken.

Die Botschaft verstehen: Was sagen die Selbstverletzungen

Dusty Miller, Autorin des Buches »*Women who hurt themselves*«, hält Selbstverletzung für eine Möglichkeit, das, was Ihnen passiert ist, symbolisch auszudrücken.[2] Andere Autoren sind zu ähnlichen Schlüssen gekommen.[3] Sie gehen davon aus, dass eine betroffene Frau in den Arm genommen und getröstet werden möchte. Trotzdem kann sie möglicherweise den Körperkontakt zuerst nicht ertragen, weil er belastende Gefühle auslöst.

Wenn beide Seiten die Verletzungen als eine Botschaft begreifen und die Bedeutung dieser Botschaft entdecken, dann können Sie auch andere und passendere Möglichkeiten finden, diese Botschaft auszudrücken und anderen verständlich zu machen.

Die Leute begreifen einfach nicht, welcher Schmerz dahinter steckt. Sie sollten verstehen, dass es nicht darum geht, Aufmerksamkeit zu bekommen, wie viele so oft glauben. Es ist ein Zeichen für sehr viel Schmerz, Qual, Wut und Anspannung in der Person, die das tut. Die Leute sollten verstehen, dass das Schneiden einen Menschen zeigt, der innerlich schwer verletzt ist und es nicht ausdrücken kann.

MELANIE

Es ist durchaus sinnvoll, wenn Sie als Familienmitglied oder gute Freundin der betroffenen Frau Fragen stellen. Fragen Sie, wie sie sich kurz vor der Selbstverletzung gefühlt hat. Wie hat sie sich danach gefühlt? Wie fühlt sie sich jetzt? Kann sie ihre Gefühle in Worten ausdrücken? Oder in Bildern? Kann sie in irgendeiner Weise mitteilen, was ihr dabei durch den Kopf gegangen ist? Was hat ihr zu schaffen gemacht?

Ein andermal kann es hilfreich sein, direkter zu fragen: »Wovon willst du dich befreien?« Oder, je nach Art der Verletzung: »Was willst du rausschneiden oder ausbrennen?« Wenn die betroffene Frau in diesem Moment nicht über ihre Gefühle und Gedanken sprechen kann, so kann man sie dazu ermuntern, ihre Gedanken aufzuschreiben, um darüber zu einem späteren Zeitpunkt zu diskutieren.

Ich versuche, mir immer die Zeit zu nehmen, um mit Ann darüber zu reden, was sie belastet. Vor allem dann, wenn ich weiß, dass sie sich geschnitten hat. Häufig scheint sie es aber nicht zu wissen. Es ist, als ob sie so von ihren eigenen Gefühlen abgeschnitten wäre, dass sie sich nicht erinnern kann, was genau sie belastet hat. Ich versuche, ihr zu helfen, indem ich ihr meine Beobachtungen und meine Vermutungen darüber erzähle, was der Auslöser gewesen sein könnte. Aber ich habe Angst, dass ich schon dadurch eine weitere Selbstverletzung auslöse. Darum mache ich mir Sorgen, aber es sieht so aus, als ob es ihr dabei helfen würde, die Sache zu verstehen. Außerdem tut es ihr gut, wenn sie weiß, dass wenigstens ich verstehen kann, was mit ihr passiert. ANGEHÖRIGE

Manchmal weiß eine selbstverletzende Frau nicht genau, warum sie es tut. Deshalb kann sie es sich selbst nicht erklären und erst recht nicht den Menschen, die sich um sie kümmern. So war zum Beispiel Steph lange Zeit in therapeutischer Behandlung, bevor sie den Zusammenhang zwischen dem gewaltsamen Tod ihres Vaters, den sie mit ansehen musste, dem Verbot, darüber zu reden, und ihrem selbstverletzenden Verhalten erkennen konnte. Heute ist dieser Zusammenhang für sie überdeutlich sichtbar, und sie kann kaum verstehen, warum sie darauf nicht schon früher gekommen ist. Ihre Schwierigkeiten, ihr Verhalten zu erklären, hatten auch ihren Ehemann schwer mitgenommen:

Ich habe nie ganz verstanden, warum Steph sich nicht nur schneiden musste, sondern sich das Blut auch noch über ihren ganzen Körper schmierte. Die Schnitte waren schon schlimm genug, aber ich fand ihr Bedürfnis, sich mit dem Blut einzuschmieren, sehr abstoßend. Es war hart, in einem Bett mit ihr schlafen zu müssen, wenn sie das getan hatte. Ich versuchte, meinen Abscheu zu verbergen, aber ich wusste, dass sie es spürt. Ich liebe sie so sehr, aber ich konnte diesen Teil von ihr einfach nicht verstehen. Ich war auch wütend auf mich selbst. Ich konnte es erst verstehen, als Steph ungefähr ein Jahr in Therapie war und anfing zu erzählen, wie ihr Vater erstochen wurde und ihr Körper mit seinem Blut beschmiert war. Dadurch war der Abscheu wie weggewischt. Ich verstand. TONY, STEPHS EHEMANN

Häufig ist es sinnvoll, sich nicht gleichzeitig um die Verletzung zu kümmern und darüber zu reden, was dazu geführt hat. Sonst kann dadurch eine unerwünschte Verknüpfung zwischen Fürsorglichkeit nach einer Selbstverletzung und Gesprächen über Gefühle entstehen. Eine solche Verknüpfung wäre nicht hilfreich und könnte ein Muster aus der Vergangenheit wiederholen. Wenn Sie einem Menschen, der sich selbst verletzt, helfen wollen, müssen Sie ihn ermutigen, über Gefühle zu sprechen, bevor es zu einer erneuten Selbstverletzung kommt. Am besten setzen Sie für diese Gespräche regelmäßige Termine an, damit es nicht zu einer zeitlichen Verknüpfung mit dem selbstverletzenden Verhalten kommt.

Den Schaden einschätzen

Wenn sich eine Frau selbst verletzt hat, muss man unbedingt sofort das Ausmaß der Verletzung abschätzen und entscheiden, welche Behandlung notwendig ist. Material für die Erstversorgung sollte unbedingt greifbar sein, aber es muss auch entschieden werden, ob ärztliche Hilfe nötig ist. Diese Entscheidung hängt stark von der Persönlichkeit der betroffenen Frau und ihrer eigenen Einschätzung der Verletzungen ab.

Wenn die betroffene Frau noch jung ist und die Schwere der Verletzung nicht selbst abschätzen kann, müssen Sie sich eventuell die Wunde ansehen, um dann zu entscheiden, was als Nächstes geschehen soll. Sie müssen sich darauf einstellen, eventuelle Gefühle der Angst und des Abscheus zu bewältigen. Sie müssen klar machen, dass Sie keinen Abscheu vor der Person empfinden, sondern dass Sie von der Wunde und dem Schmerz überwältigt sind. Das kann für empfindliche Menschen besonders schwierig sein.

Ich erinnere mich, dass mich Ethel Findlay, eine Freundin, bat, ihr Foto-Essay »Stark in den schwachen Punkten« zum Thema Selbstverletzung anzusehen. Ich muss zugeben, dass ich nicht so richtig wollte. Jedoch zeigten ihre Fotos nur Narben in verschieden Stadien des Heilungsprozesses, und ich war neugierig, fasziniert und inspiriert von den Bildern, die sie fotografisch erschaffen hatte. Wenn ich mir heute Verletzungen anschaue, überlege ich, was diese für die Frau ausdrücken sollen. Manchmal frage ich bei bestimmten Narben nach, denn ich denke, dass jede eine eigene Geschichte erzählt. Meistens ist es eine Geschichte, die vorher noch nicht erzählt worden ist. FREUNDIN

Grenzen setzen

Für die Erhaltung der seelischen Gesundheit und besonders zur Vermeidung von Depressionen ist es sehr wichtig, Menschen um sich zu haben, die einem nahe stehen und denen man vertrauen kann.[4] So ist es wenig überraschend, dass betroffene Frauen dem Drang nach Selbstverletzung widerstehen konnten, wenn sie jemanden zum Reden hatten. Trotzdem finden es auch Frauen mit sehr engen Freundschaften manchmal schwierig, jemanden um Hilfe zu bitten, da viele Krisen spät in der Nacht stattfinden. Wenn Sie also jemandem, der sich selbst verletzt, helfen wollen, müssen Sie genau abmachen, in welchem Rahmen Sie zur Verfügung stehen wollen. Sind Sie darauf vorbereitet, mitten in der Nacht aufgeweckt zu werden, wenn die Gedanken und Gefühle häufig am schlimmsten sind und der Drang nach Selbstverletzung unwiderstehlich wird? Gibt es noch andere Menschen, die helfen können, so dass man die Verantwortung für die nächtliche Erreichbarkeit aufteilen kann?

Ich hatte eine wunderbare Einzelfallbetreuerin, die mich mehr als einmal gerettet hat, indem sie einfach am Telefon meinen endlosen Auslassungen zugehört hat, bis die Krise vorbei war. Es fiel mir immer schwer, meinem Partner zu erzählen, wie ich mich fühlte. Ich wollte ihm nicht noch mehr Probleme auf seine breiten Schultern laden. DEE

Obwohl über die Selbstverletzung nicht hinweggegangen werden darf, kann es auf kurze Sicht nötig werden, die Grenzen Ihrer Hilfsbereitschaft zu formulieren. Es ist dabei wichtig, dass Sie dies so verlässlich wie möglich handhaben, bis alles überstanden ist. Deshalb müssen Sie wahrscheinlich mit der betroffenen Person zusammen ein paar grundsätzliche Regeln aufstellen, damit Sie sich nicht überfordern.

Das sollten Sie bleiben lassen

Oft reagieren Familienmitglieder und Freunde sehr wütend und ablehnend, wenn das selbstverletzende Verhalten entdeckt wird. Die betroffenen Frauen werden daraufhin sehr geschickt im Verstecken jeglicher Hinweise, weil sie mit weiterer Zurückweisung und Unverständnis rechnen.

Als ich mich kürzlich selbst geschnitten hatte, wusste meine vorher sehr hilfsbereite Freundin nicht, was sie tun sollte. Sie sagte: »Du hast so viele Freunde, du solltest sowas Blödes nicht machen.« REBECCA

Mit der Zeit wird es vielleicht einfacher, so zu tun, als ob gar nichts passiert wäre oder als ob es vorbei wäre.
Ich habe deswegen Freunde verloren. Die Freunde, die ich jetzt noch habe, meiden das Thema wie die Pest, und ich bin froh darüber. CHRISTINE

Auch Menschen, die anfangs sehr hilfsbereit waren, können nach einer Weile frustriert und erschöpft sein und sich zurückziehen, oder sie können Druck ausüben.

Mein Freund war sehr sauer und sagte, dass er mich verlässt, wenn ich es noch einmal tue. Manchmal trage ich einen Schlafanzug mit langen Ärmeln, aber er kann meine Narben trotzdem ertasten. Dieses Mal hat er mich jedenfalls dazu gebracht, zum Arzt zu gehen. CARLY

Auf der einen Seite wollen Sie nicht, dass die betroffene Frau sich selbst verletzt, und Sie möchten ihr das klar machen und ihr dabei helfen aufzuhören. Auf der anderen Seite müssen Sie ihr glaubhaft machen, dass Sie sie so, wie sie ist, völlig akzeptieren, und auch anerkennen, dass es Momente gibt, in denen sie dem Drang nach Selbstverletzung nicht widerstehen kann. Es scheint fast unmöglich, diese beiden Einstellungen miteinander in Einklang zu bringen. Sie müssen unbedingt anerkennen, dass eine Frau, die sich selbst verletzt, ihre Gefühle bewältigt, so gut sie eben dazu in der Lage ist. Das mag zuweilen in einer Selbstverletzung enden, bis sie Mittel und Wege gefunden hat, ihre Gefühle in den Griff zu bekommen. Wenn Sie selbst die betroffene Frau sind, so müssen Sie immer daran denken, dass die Menschen, die Sie unterstützen, Fehler machen können. Sie müssen versuchen, ihnen zu sagen, wenn Sie sich über sie ärgern oder wenn Sie sich verurteilt oder missverstanden vorkommen. Angehörige, die auf das selbstverletzende Verhalten mit verstärkter Kontrolle reagieren, können die Situation dadurch verschlimmern. Wenn manche Frauen daran gehindert werden, sich selbst zu verletzen, ist der nächste Vorfall häufig schwerwiegender.

Ich habe beobachtet, dass die Verletzungen desto schlimmer werden, je länger ich den Drang unterdrücke.

CHRISTINE

Familienmitglieder, Freunde und Lebenspartner geben sich teilweise sehr viel Mühe, den betroffenen Frauen zu helfen. Die häufigste Strategie ist jedoch das Wegwerfen der Instrumente, mit der die Selbstverletzungen ausgeführt werden, zum Beispiel Rasierklingen oder giftige Substanzen. Das ist kontraproduktiv, und oft kommt es daraufhin zu einer Eskalation des selbstverletzenden Verhaltens.

Meine Mutter nahm alle meine Rasierklingen weg, aber ich konnte nicht aufhören. Dass keine mehr da waren, machte es schlimmer, aber ich besorgte mir neue. Sie durchsuchte täglich mein Zimmer. Sie sagte, ich müsste ausziehen, wenn ich es wieder täte. Ich wurde dadurch nur noch verschlossener und war noch mehr entschlossen, mich zu schneiden. Ich schnitt mich öfter, an immer versteckteren Körperstellen. Ich war damals versessener aufs Schneiden als je zuvor.

STEPH

Es ist wesentlich besser, sich mit den Auslösern und Gefühlen zu beschäftigen, die eine konkrete Selbstverletzung ausgelöst haben. Wenn Sie versuchen, das Umfeld zu kontrollieren und sicher zu machen, nehmen Sie ungewollt der betreffenden Frau die Möglichkeit, ihre Selbstkontrolle zu entwickeln.

Ich hatte mich selbst geschnitten und erzählte es meiner Mutter. Sie verband meine Wunden, und dann saßen wir zusammen und unterhielten uns. Sie haben mich nie verurteilt. Sie wussten, dass ich es selbst in meinem eigenen Tempo verarbeiten musste, auch wenn es schrecklich für sie war, einfach dazusitzen und mich machen zu lassen. Sie haben mir sehr geholfen, weil sie kein Urteil über mich fällen.

Holly[5]

Für Sie als Angehörige und Freunde ist es schwierig, Enttäuschung, Frustration und Ärger zu verbergen, wenn die betroffene Person sich weiterhin lieber schneidet, verbrennt, Gift nimmt oder sich sonst wie verletzt, statt mit Ihnen über Gefühle zu reden. Sie können sich abgewiesen fühlen, so als ob all Ihre Fürsorge, Zeit und Zuneigung nicht ausreichen würden, sie von ihrem selbstverletzenden Verhalten abzubringen.

In diesem Fall ziehen Sie sich vielleicht, wenn auch nur unbewusst, zurück, und dadurch kann sich nun umgekehrt die betroffene Frau abgewiesen fühlen. Zurückweisung tut sehr weh, ob sie nun echt oder nur eingebildet ist, und kann weitere Selbstverletzungen auslösen. Wenn das Gefühl der Zurückweisung andauert, kann sich Hoffnungslosigkeit breit machen, und das ist eine wirkliche Gefahr. Aber auch derjenige, der hilft und unterstützt, muss das Gefühl bekommen, von der betroffenen Frau akzeptiert zu werden. Angehörige und Freunde müssen die Chance haben, auszudrücken, welche Frustration und Anspannung durch die Situation auch in ihnen entsteht. Sonst werden diese Gefühle aufgestaut oder machen sich durch unfreundliche und kritische Sticheleien bemerkbar. Einer betroffenen Frau, die häufig solche Bemerkungen zu hören bekommt, wird es nicht so schnell besser gehen.

Louise Pembroke hat in ihrem Buch »*Self-harm: Perspectives from Personal Experience*« klare Ratschläge für Angehörige und Freunde gegeben und erklärt, was man in einer Beziehung zu einer selbstverletzenden Frau besser lassen sollte:

1. Seien Sie nie abweisend.
2. Stellen Sie kein Ultimatum.
3. Bieten Sie moralische Unterstützung und/oder gegebenenfalls Fürsprache im Umgang mit Krankenhauspersonal an.
4. Gehen Sie nicht davon aus, dass Ihre Unterstützung nicht nötig ist, wenn die betroffene Person sich nicht selbst verletzt.
5. Geben Sie nicht auf, vor allem dann nicht, wenn es die Ärzte schon getan haben.

Wir Autorinnen möchten einen weiteren Ratschlag anfügen: Sorgen Sie dafür, dass auch Sie Unterstützung bekommen. Auch Sie müssen Ihre Gefühle irgendwo loswerden können.

Unterstützung für Angehörige und Freunde

Über den Schmerz und die Qualen, die Angehörige und Freunde von betroffenen Frauen erleiden, ist bisher wenig geschrieben worden. Vielleicht haben Sie den Eindruck, dass Sie sowieso immer alles falsch machen, egal, was Sie versuchen. Wenn Sie die Rasierklingen wegnehmen, kontrollieren Sie zu stark. Wenn Sie die Rasierklingen dalassen, sind sie herzlos. Wenn Sie nichts sagen, sind sie unsensibel. Wenn Sie etwas sagen, sind Sie aufdringlich. Man steckt in einer Situation, in der man nur verlieren kann.

Meine Mutter kam ins Zimmer und bot mir ihre Hilfe an, aber ich habe sie einfach abgewiesen. Sobald sie aus dem Zimmer war, war ich unbeschreiblich wütend. Ich weiß nicht, auf wen oder was ich wütend war, aber ich habe mich richtig schlimm geschnitten. CARLY

Eines Abends rief Ann an. Ich merkte sofort, dass sie total durcheinander war. Sie hatte sich selbst verletzt. Sie wollte, dass ich zu ihr komme, aber sie wollte nicht selber darum bitten. Sie hatte Angst, denn ihre Wunde blutete immer noch. Als ich bei ihr ankam, war sie sehr aufgeregt. Ich sah mir ihre Wunde an, die genäht werden musste. Sie weigerte sich hartnäckig, ins Krankenhaus zu gehen. Sie ging nervös auf und ab, und ich wusste, dass sie sich nicht beruhigen würde. Es war, als ob sie in einer anderen Welt wäre. Meine Worte schienen sie nicht zu erreichen. Ich kümmerte mich um die Wunde, konzentrierte mich auf die Erstversorgung. Als ich ging, war sie immer noch total durcheinander, aber ich konnte nichts mehr für sie tun. Ich musste mich damit abfinden, abzuwarten und zu hoffen, dass ihre Angst vorbei gehen würde. Ein paar Tage später wurde sie ins Krankenhaus eingewiesen. FREUNDIN

Vielleicht machen Sie sich auch Sorgen, dass Sie die Lage irgendwie verschlimmern oder dass Sie in Ihrer Wut etwas sagen, was Sie nachher bereuen. Oft möchte man am liebsten alles hinwerfen, die Beziehung abbrechen, weil die Probleme einfach zu groß sind.

Mitten in einem Streit schlug er mir vor, mal eine Chemikalie auszuprobieren, an die ich noch nie gedacht hatte. Ich rannte weg, schmierte mir etwas davon auf den Arm und wartete ab, was passieren würde. DEE

Als Angehöriger oder Freund können Sie auch das Gefühl bekommen, dass Sie das Problem sind. Oder die Ärzte, die die betroffene Frau »behandeln«, gehen sehr vorwurfsvoll oder abweisend mit Ihnen um, so als ob Sie mitschuldig wären oder zumindest unfähig, die Selbstverletzungen zu verhindern. Solche Beschuldigungen können direkt oder durch die Blume vermittelt werden. Dies ist, zumindest in Großbritannien, typisch für Notaufnahmestationen oder für psychiatrische Abteilungen.

Es war schon die dritte Nacht in einer Woche, in der ich Tyler zur Notaufnahme bringen musste. Die ersten beiden Male hatte niemand etwas Negatives zu mir gesagt, aber sie hielten mit ihren Gefühlen nicht hinterm Berg. In der dritten Nacht riss der Schwester der Geduldsfaden. Sie schrie mich an: Sie hätten wichtigere Sachen zu tun, und wenn ich nicht richtig für sie sorgen könnte, sollte ich sie lieber gehen lassen oder dafür sorgen, dass das Jugendamt sie bei Leuten unterbringt, die sich besser um sie kümmern können.

PFLEGEMUTTER

Es gibt eine große Nachfrage nach Selbsthilfegruppen auch für Angehörige und Freunde von Frauen, die sich selbst verletzen. In einer solchen Gruppe sollten Sie die Möglichkeit haben, in einer unterstützenden Umgebung Ihre Hilflosigkeit, Ihre Verzweiflung und Ihre Wut mit anderen zu teilen. Es gibt allerdings nur wenig derartige Gruppen. Sie könnten eventuell auch die Notruftelefone anrufen, die für selbstverletzende Frauen eingerichtet wurden, aber unseres Wissens gibt es keine speziellen Hotlines für Angehörige und Freunde. Eine andere Möglichkeit ist es, sich über das Internet auszutauschen, sofern Sie einen Computer besitzen und einen Internetanschluss haben. Es gibt spezielle Messageboards für Leute, die sich um jemanden kümmern, der sich selbst verletzt. Auf diesen Messageboards finden Sie viele Mitteilungen und Anfragen.[6]

Sie können auch versuchen, jemanden zu finden, der sich in einer ähnlichen Situation befindet, und sich regelmäßig zum Austausch treffen. Sie sollten dabei einen bestimmten zeitlichen Rahmen abmachen, der jedem zur Verfügung steht, um seine Probleme zu besprechen und Unterstützung zu bekommen. Nach der Hälfte der Zeit wird gewechselt. Manche Menschen haben das Glück, jemanden zu haben, den sie regelmäßig um Unterstützung bitten können. Es sollte mehr Möglichkeiten zur professionellen Beratung geben, da dies eine sehr sinnvolle und nützliche Form der Unterstützung darstellt. Die zuständigen Stellen sind allerdings schon überlastet, und professionelle Hilfe steht selten zur Verfügung. Trotzdem lohnt es sich, den Hausarzt anzusprechen, der vielleicht etwas für Sie arrangieren kann. Sie können auch bei der örtlichen Eheberatungsstelle oder bei Psychosozialen Diensten nachfragen, ob Sie dort regelmäßige Unterstützung bekommen können.

Steph ging zu einer Therapeutin, die in einem Krankenhaus arbeitete. Die Therapeutin sah, welche Schwierigkeiten ich hatte, mit Stephs Verhalten umzugehen. Ich wollte ihr unbedingt helfen, aber ich wurde einfach wütend. In dieser Situation war alles, was ich tat, falsch. Die Therapeutin sorgte dafür, dass ich eine Psychiatrieschwester aus dem Krankenhausteam einmal im Monat treffen konnte. Dadurch wurde alles anders. Ich konnte ihr meine Gefühle erzählen, und sie half mir auch zu verstehen, was mit Steph los war. Ich glaube nicht, dass wir es ohne sie geschafft hätten.

TONY, STEPHS EHEMANN

Unterschätzen Sie nie, wie viel Unterstützung, Fürsorge, Aufmerksamkeit und Zuneigung eine Frau, die sich selbst verletzt, für ihre Heilung braucht. Und unterschätzen Sie auch nicht, wie sehr Sie selbst Unterstützung brauchen. Sie brauchen einen Ort, um ihre Leben spendenden Energiereserven wieder aufzufüllen, um die vorbehaltlose positive Aufmerksamkeit, die Fürsorge und das Mitgefühl aufbieten zu können, die beim Heilungsprozess von selbstverletzenden Frauen gebraucht werden.

Nachwort

Selbstverletzendes Verhalten ist für Betroffene wie für Angehörige und Freunde extrem belastend. Seine Intensität kann Sie vor große Herausforderungen stellen. Es scheint so, als ob das selbstverletzende Verhalten ein Eigenleben hätte, und Sie und Ihre Nächsten in einen Strudel von widersprüchlichen, verwirrenden Ratschlägen und unzähligen Erfahrungen werfen würde, wo Gutes und Schlechtes nur schwer auseinander zu halten sind. Manchmal sieht es vielleicht so aus, als ob Sie das selbstverletzende Verhalten nicht in den Griff bekommen könnten und sich nie etwas ändern würde. Es gibt weder einfache Antworten noch eine schnelle Heilung. Trotzdem ist es theoretisch und praktisch möglich, dass Frauen aufhören, sich selbst zu verletzen. Oft ist es eine lange Reise, eher ein Marathonlauf als ein Sprint.

Ich habe mich mehr als zwanzig Jahre lang selbst verletzt und ich habe das Gefühl, dass ich fast während der ganzen Zeit versucht habe aufzuhören. Ich kam raus aus der Notaufnahme und wieder rein, und ich war in psychiatrischer Behandlung. Ich schloss mit mir selbst einen Pakt und hasste mich danach noch mehr, weil ich versagt hatte. Ich ging zu einigen Therapeuten, einer hatte entsetzlich Angst vor mir, und die andere wollte mich anscheinend bestrafen, wenn ich mich selbst verletzte. Also habe ich nichts mehr davon erzählt. Aber jetzt habe ich aufgehört. Ein Teil von mir kann immer noch nicht glauben, dass es wahr ist. Aber es sind jetzt drei Jahre her, dass ich mich das letzte Mal verletzt habe. Ich war über vier Jahre in Therapie. Manchmal wollte ich aufhören, vor allem als mein selbstverletzendes Verhalten ein Jahr nach Beginn der Therapie eher schlimmer als besser zu werden schien. Es scheint, als ob ich es unter Kontrolle hätte; ich habe das Gefühl, dass ich jetzt erst richtig lebe. LUCY

Wenn wir zurückschauen und über das nachdenken, was wir in diesem Buch geschrieben haben, so können wir auch feststellen, wie sehr unser Verständnis von Selbstverletzung sich über die Jahre erweitert hat. Fast all unser Wissen haben wir von den betroffenen Frauen, die den Mut hatten, ihre Erinnerungen, Gedanken und Gefühle mit uns zu teilen. Manche dieser Frauen haben nicht mehr das Bedürfnis nach Selbstverletzung, andere verletzen sich seltener, und wieder andere sind noch dabei, ihre Probleme durchzuarbeiten.

Sie selbst wissen am besten über sich Bescheid. Wir haben versucht, mit diesem Buch einen Rahmen anzubieten, den Sie mit Ihren eigenen Erfahrungen füllen könnnen. Wir wollten Ihnen zudem einige Vorschläge für mögliche Wege zu einer Heilung machen.

So wie es nicht einen einzigen Weg zur Heilung gibt, so gibt es auch keine eindeutige Begründung dafür, warum eine Frau sich selbst verletzt. Oft wird nicht beachtet, dass die Verletzungen verschiedene Bedeutungen haben können. Die von uns gegebenen Erklärungen sind vielseitig und komplex, denn für ein komplexes Phänomen gibt es keine einfache Erklärung.

Ich wollte eine einfache Erklärung, zum Beispiel ich sei krank, depressiv oder meinetwegen sogar verrückt. Ich wollte etwas, was man diagnostizieren kann, so dass man mir einfach irgendwelche Tabletten verschreiben könnte und dann würde ich damit aufhören. Debbie

Wie alle komplexen Probleme kann auch selbstverletzendes Verhalten nicht über Nacht gelöst werden. Es wird Rückschläge geben, aber das bedeutet keineswegs, dass Sie versagt haben; das ist alles Teil des schrittweisen Heilungsprozesses. Es ist wichtig, sich nicht selbst die Schuld in die Schuhe zu schieben. Frauen neigen dazu; wann immer es ein Problem gibt, sind wir irgendwie daran schuld. Wir glauben, dass das so ist, weil etwas mit uns nicht in Ordnung ist. Je mehr wir uns bemühen, das Problem zu bewältigen und dabei versagen, desto schuldiger fühlen wir uns. Wahrscheinlich wird es passieren, dass Sie während des Heilungsprozesses tatsächlich in ihr selbstverletzendes Verhalten zurückfallen und dann auf sich selbst wütend sind. Manchmal wird diese Wut auf sich selbst noch von denen verstärkt, die Ihnen helfen sollten: Ihre Angehörigen und die Therapeuten und Ärzte. Deren eigene Gefühle der Hilflosigkeit und Machtlosigkeit, ihre Angst, Verwirrung und ihr mangelndes Verständnis können Ihre Gefühle negativ beeinflussen. Dies ist nicht ungewöhnlich, aber in keiner Weise hilfreich. Es kann Ihnen wie eine Wiederholung früherer Erfahrungen vorkommen, wenn Sie bei jedem Rückfall von den Menschen in Ihrem Umfeld beschuldigt, abgewiesen oder bestraft werden.

Bringen meine Narben dich so sehr in Verlegenheit?
Du gibst mir das Gefühl, dass du mich nicht in deiner Nähe haben willst.
Dein Gesichtsausdruck, deine Körperhaltung und deine Bewegungen sprechen nur von Abscheu.
Ich fühle mich dir so entfremdet.
So wie ich von meiner Familie entfremdet war,
besonders von meiner Mutter.
Sie hat meine Angst, meinen Schmerz, meine Scham nie gehört,
aber auch sie war von mir angewidert.
Ich habe gelernt, ruhig zu sein, und jetzt
ist es so viel einfacher, das Blut fließen zu lassen statt zu reden.

TYLER

Die Wurzeln der Selbstverletzung liegen lange vor dem ersten Schneiden. Je mehr wir über Selbstverletzung wissen, desto deutlicher wird, welche Rolle die Einstellungen, Ansichten und Verhaltensweisen unserer Gesellschaft dabei spielen. Diese Gesellschaft reduziert die Bedeutung von Pflege und Fürsorge, und sie stellt Wettbewerb und das Überleben des Stärkeren über Mitgefühl und soziale Verantwortung. Deshalb kann man gut verstehen, warum manche Frauen glauben, ihren Schmerz und ihre Qual nur dadurch ausdrücken zu können, dass sie sich selbst verletzen. In unserer Gesellschaft spielt das gute Aussehen eine so dominante Rolle, dass der nach außen gekehrte Schmerz vielleicht eine Art von »Schönheitsoperation« darstellt, damit unser Inneres endlich gesehen und erkannt wird. Es kann sogar ein Akt der Rebellion sein.

Ich habe nie versucht, meine Narben zu verstecken. Ich wollte sie zeigen, obwohl ich den Abscheu in den Augen der Menschen sehen konnte, wenn sie meine Wunden bemerkten. Dann zog ich mich wieder hinter meine Mauer zurück, als ob sie mich dorthin geschickt hätten. Ich wusste, dass Verständnis für meine Beweggründe sehr wichtig ist, um aufhören zu können. CATHY

Es ist schwierig, seinen Schmerz in einer Gesellschaft zu zeigen, die nichts von zu viel Leid hören will. Wenn wir sehen, wie jemand leidet, fühlen wir uns unangenehm berührt. Häufig taucht der Gedanke auf, man könnte sich anstecken, so als ob man durch das Hinschauen und Reagieren irgendwie selbst auch anfälliger für selbstverletzendes Verhalten würde. Die Menschen wenden sich von dem unschönen Erscheinungsbild der Selbstverletzung ab, aber die betroffene Frau erlebt dies als Entzug von Unterstützung, Fürsorge und Mitgefühl. Eine solche Reaktion steigert nur das Bedürfnis nach Selbstverletzung und stört den Heilungsprozess. Es sollte den Menschen beigebracht werden, anders zu reagieren, und sie sollten Unterstützung erhalten, um ihre eigenen Reaktionen verstehen zu können.

Wir alle spielen eine Rolle im Heilungsprozess einer betroffenen Frau. Schmerz, Leid und Gewalt sind überall, und wir sind dem durch Fernsehen, Sensationsjournalismus und jetzt auch durch das Internet immer stärker ausgesetzt. Wenn wir als Gesellschaft nicht lernen, unsere Bandbreite an Mitgefühl und Beschützerinstinkt zu entwickeln und zu verbessern, dann ist es kaum zu vermeiden, dass selbstverletzendes

Verhalten weiterhin mögliche Helfer verwirrt und das Leben vieler weiterer Frauen zerstört.

Im Rahmen ihrer Therapie wird vielen Frauen klar, dass Wut eine mögliche Ursache für Selbstverletzung ist, und zwar die Wut auf eine Welt, die ihnen mit Unverständnis begegnet und die ihnen nicht glaubt, dass sie missbraucht oder verletzt worden sind. »Ich wollte, dass jemand wahrnimmt, dass ich verletzt worden bin, dass es nicht meine Schuld war, und ich wollte, dass sich jemand um mich kümmert.« Es hilft den betroffenen Frauen, wenn jemand ihre Verletzung anerkennt. Umgekehrt führt eine weitere Verleugnung dieser Verletzung zu noch mehr Verzweiflung.

Leider glauben viele Menschen in unserer Gesellschaft, dass Opfer in irgendeiner Weise die Verantwortung für ihren Missbrauch tragen, dass sie in irgendeiner Weise dazu beigetragen haben oder dass sie es verdient haben. Diese Haltung scheint bequemer zu sein, als die Schuld und die Verantwortung für den Missbrauch bei den Tätern zu suchen. Durch die Beschuldigung des Opfers, die so oft auch von den Tätern zu hören ist, können sich die Menschen in der Sicherheit wiegen, dass ihnen und ihren Kindern nichts dergleichen geschehen kann: »Wir sind anders als die Opfer.« Die Selbstverletzung der Opfer wird als Selbstbestrafung und als weiterer Beweis für die Komplizenschaft beim Missbrauch interpretiert. Durch diese Haltung kann sich die Gesellschaft sehr effektiv jeder Verantwortung entledigen, die Ursachen von selbstverletzendem Verhalten zu bekämpfen.

Nachdem ich mich fast drei Jahre nicht selbst verletzt hatte, fand ich mich eines Tages wieder von Kopf bis Fuß mit Blut beschmiert. Ich konnte nicht glauben, dass ich es getan hatte. Es passierte, nachdem meine jüngste Schwester Tilly zu mir gekommen war und mir erzählt hatte, das meine Eltern sie ebenfalls sexuell missbraucht hatten. Ich hatte erzählt, was sie mit mir gemacht hatten, aber man hatte mir nicht geglaubt, und Tilly blieb bei ihnen. Ich verrannte mich in den Gedanken, dass Tilly nicht dasselbe passiert wäre, dass sie sicher gewesen wäre, wenn man nur nicht in mir das Problem gesehen hätte, wenn man mir nur den Missbrauch geglaubt hätte. In den Wochen darauf fiel ich wieder in mein altes Verhaltensmuster zurück. Ich war so wütend. Schließlich rief ich meine ehemalige Therapeutin an und konnte wieder zu ihr gehen. Nach ein paar Sitzungen hörte ich auf, mich selbst zu verletzen. Das ist zwar schon ein Jahr her, aber ich fühle mich immer noch verletzlicher als vorher. Ich bin nicht mehr so sicher, dass Selbstverletzung in meinem Leben nicht mehr vorkommen wird.

CATHY

Wenn Sie nach einer Phase ohne Selbstverletzung wieder damit anfangen, so können Sie durchaus danach auch wieder zu harmloseren Mitteln der Stressbewältigung finden, entweder allein oder mit Hilfe einer anderen Person. Sie dürfen auf keinen Fall aufgeben. Versuchen Sie herauszufinden, wodurch die erneute Selbstverletzung ausgelöst wurde. Je mehr Sie über sich selbst wissen, desto mehr Entscheidungen können Sie in Ihrem Leben treffen und desto besser können Sie sich mit anderen Mitteln ausdrücken.

Steph, die im Alter von vier Jahren mit ansah, wie ihr Vater erstochen wurde, berichtet über ihren persönlichen Weg zu Selbstwahrnehmung und Heilung:

Die erste vorsätzliche Selbstverletzung, an die ich mich wirklich erinnere, passierte, als ich ungefähr elf war. Ich saß in meinem Zimmer und dachte an meinen Vater und daran, wie er gestorben war. Das kam öfter vor: Ich machte ganz normale alltägliche Sachen, und dann sah ich vor meinem inneren Auge plötzlich seinen blutverschmierten Körper. Danach kratzte ich mich, und aus den Kratzern wurden Schnitte, und die Schnitte wurden tiefer.

Meine Mutter versuchte, mich davon abzuhalten, aber ich fand neue Möglichkeiten, mich zu schneiden, und schnitt mich an anderen Stellen. Sie ging zum Hausarzt und erzählte ihm, dass ich Hilfe brauchte, aber ich weigerte mich,

zu ihm oder irgendjemand anderem zu gehen. Je älter ich wurde, desto schlimmer schien es zu werden.
Als ich Tony kennen lernte, dachte ich, dass die Liebe den Drang nach Selbstverletzung beenden würde, und so ähnlich war es auch für eine Weile. Er gab mir so ein gutes Gefühl. Ich erzählte ihm von meinem Schneiden, denn ich konnte die Narben nicht verstecken. Ich glaubte, aufgehört zu haben, aber ich wusste, dass das nur Selbstbetrug war. Nach unserer Hochzeit fing es wieder an. Ich hatte plötzlich solche Angst, Tony zu verlieren. Ich war angespannt und aufgeregt und dann schnitt ich mich, anfangs nicht schlimm. Aber dann wurde es schlimmer, und die Fahrten zur Notaufnahme fingen wieder an.
Tony hat mich am Anfang unterstützt, aber dann fingen wir an, uns darüber schrecklich zu streiten. Je öfter wir stritten, desto mehr fühlte ich mich zurückgewiesen, desto öfter schnitt ich mich, wodurch neuer Streit entstand. Ich wusste, dass ich dieses Mal Hilfe brauchte. Ich ging in eine Tagesklinik, aber das war Zeitverschwendung. Es schien überhaupt nicht zu helfen, aber dort sprach ich zum ersten Mal mit einer Therapeutin. Anfangs glaubte ich nicht, dass das helfen würde, aber sie hatte so viel Geduld. Ich sah noch keine Verbindung zwischen meinem Schneiden und dem Tod meines Vaters. Ich hatte keine Worte für meinen Zustand – nur Bilder und schreckliche Gefühle. Als ich ihr von der Ermordung meines Vaters erzählte, landete ich in der gleichen Nacht wieder im Krankenhaus, weil ich mich so schlimm geschnitten hatte.
Ich musste herausfinden, was ich fühlte und wo die Gründe dafür lagen. Das war wirklich hart, und meine Therapie dauerte fast drei Jahre. Ich hatte Angst, dass es nie aufhören würde. Ich glaubte, es hätte mich im Griff. Tony und ich hatten Schwierigkeiten. Deshalb sorgte meine Therapeutin dafür, dass er zu jemandem gehen konnte. Das hat sehr geholfen. Er versuchte mir mehr zu helfen, Sachen mit mir durchzusprechen.

Mein Leben hat sich sehr verändert. Es ist jetzt Jahre her, dass ich mich zuletzt selbst verletzt habe. Ich habe einen kleinen Sohn von acht Monaten. Es gibt immer noch Momente, in denen ich mich angespannt und gestresst fühle, aber ich kann jetzt anders damit umgehen. Ich lenke mich ab, gehe mit dem Baby spazieren, mache Gymnastik, putze, und wenn ich es dann kann, spreche ich über meine Gefühle. Heute kann ich weinen, wirklich, wirklich weinen, und von Tony und meinen Freunden getröstet werden. Ich fühle mich jetzt frei, wirklich frei, und ich habe die Sache im Griff. STEPH

Wir hoffen, dass Sie sich in den Worten und Erfahrungen von anderen wieder erkennen können und sehen, dass Sie nicht allein sind, sondern dass auch andere Trost in der Selbstverletzung gesucht haben, so verrückt das auch scheinen mag. Auch andere Frauen haben ihre Gefühle nach innen gerichtet, weil sie die frauenfeindlichen Botschaften verinnerlicht haben, die die Selbstverletzung von Frauen stillschweigend unterstützt.

Die Diskussion um Selbstverletzung muss ausgeweitet werden. Die Menschen, die sich nicht selbst verletzen, sollten sich fragen, warum so viele Menschen dies tun und was dagegen unternommen werden sollte. Dazu braucht man Mut und Stabilität, woran es häufig mangelt. Wenn man wie die Betroffenen darum kämpft, den nächsten Tag zu erleben, kann man es sich nicht leisten, diese Eigenschaften zu verschwenden. Trotzdem sind es gerade die betroffenen Frauen, die für bessere Hilfsangebote kämpfen. So wie weibliche Opfer das Thema sexueller Missbrauch in das Bewusstsein der Öffentlichkeit gebracht haben, so arbeiten auch Frauen, die sich selbst verletzen, daran, dass ihre Bedürfnisse stärker wahrgenommen werden. Dies wird sowohl positive als auch negative Folgen haben: So wurden in Großbritannien manche unserer erfolgreichen Bemühungen ins Gesundheitssystem übernommen, aber auch einige unserer wichtigsten Forderungen wie die nach rund um die Uhr verfügbaren Notruftelefonen abgelehnt. Die Frage nach den politischen und sozialen Dimensionen von Selbstverletzung wurde ebenfalls nicht anerkannt. Es ist eine ständige Herausforderung, das eigene Fachwissen anerkannt zu bekommen und gleichzeitig das von anderen annehmen und nutzen zu können, und vielleicht sind anfangs beide Seiten misstrauisch. Aber Selbstverletzung ist ein zu komplexes Problem, um auch nur eine mögliche Unterstützung abzulehnen.

Dieses Buch möchte für Chancengleichheit zwischen betroffenen Frauen und Ärzten und Therapeuten sorgen. Wir möchten Ihnen ermöglichen, Ihre eigenen Verhaltensmuster zu erkennen, wir möchten Ihnen verständlich machen, auf welche Reaktionen Sie in der Psychiatrie stoßen können, und Sie sollen wissen, welche Hilfsmöglichkeiten es gibt. Wir haben auch versucht, die Theorien über Selbstverletzung darzustellen, die den Schwerpunkt auf biologische Vorgänge legen. Wenn Sie auf psychische Belastung reagieren, indem Sie Ihren Körper verletzen, so reagiert Ihr Körper auf solche Angriffe natürlich und instinktiv. Wir müssen vor allem lernen, auch auf psychische Verletzungen so instinktiv zu reagieren und langjährige psychische Verletzungen zu heilen und weiteren vorzubeugen.

Wir müssen auch lernen, nicht so »nett« zu sein, denn dadurch stellen wir die Gefühle von anderen Menschen über unsere eigenen und tun uns damit weh. Wir werden zwar für diesen weiblichen Altruismus »belohnt«, aber der Preis, den wir wirklich dafür bezahlen, wird nicht wahrgenommen.

Dieses Buch soll Sie auch dazu ermuntern, Menschen zu suchen, die Ihnen helfen können, Ihr Verhaltensmuster zu durchbrechen. Dies kann eine Ärztin oder ein Therapeut sein, ein Lebenspartner, Elternteil oder eine Freundin. Diesem Personenkreis möchten wir mit unserem Buch die Möglichkeit geben, entweder ihr bereits vorhandenes Wissen zu festigen oder ein erstes Verständnis für die Problematik des selbstverletzenden Verhaltens zu entwickeln. Vielleicht sind

Sie der einzige Mensch, der die betroffene Frau in ihrer Gesamtheit wahrnimmt als eine Person, die vielerlei Gefühle ausdrücken kann, auch Mitgefühl, Humor und Wärme. Das sind genau die Eigenschaften, die sich Ärzten und Therapeuten nicht offenbaren, weil sie die betroffene Frau nur sehen, wenn sie sich sehr schlecht oder extrem verletzlich fühlt.

Wir würden gerne von Zaubermitteln und Happyends schreiben, aber unsere Erfahrung sagt uns, dass es ein Kampf sein wird, die Verhaltensmuster der Selbstverletzung zu beenden. Aber dieser Kampf ist es trotzdem wert. Wenn Sie wenigstens einen Menschen haben, der bedingungslos für Sie kämpft, an Sie glaubt und Ihr Bestes will, so können Sie beginnnen, sich auch selbst zu lieben. Alle Menschen sollten ein Recht auf diese Erfahrung haben. Für diejenigen, die lernen mussten, ohne diese Erfahrung zu leben, ist es das größte Geschenk, das sie von einem anderen Menschen bekommen können.

Anmerkungen und Quellenangaben

Kapitel 1: Selbstverletzung: Was ist das?

1 Zur weiterführenden und vertiefenden Lektüre empfehlen wir Babiker, Gloria und Lois Arnold: The Language of Injury: Comprehending Self-Mutilation. Leicester: BPS Books, 1997.

2 Favazza, A.R. und K. Conterio: »Female Habitual Self-Mutilators«, in: Acta Psychiatrica Scandinavica 79 (1989), Seite 283–289.

3 Herpertz, S.: »Self-Injurious Behaviour«, in: Acta Scandinavica 91 (1981), Seite 57–68.

4 Burstow, B.: »'Self Mutilation' in Radical Feminist Therapy«, California: Sage, 1992, Seite 188.

5 de Moore, G.M. und A.R. Robertson: »Suicide in the 18 Years after Deliberate Self Harm«, in: British Journal of Psychiatry, 169 (1996), Seite 489–494.

6 Babiker, G. und L. Arnold, a.a.O.

7 Tantum, D. und J. Whittaker: »Personality Disorder and Self-Wounding«, in: British Journal of Psychiatry, 161 (1992), Seite 451–464.

8 ebenda, Seite 453.

9 Hawton, K. und J. Catalan: Attempted Suicide, Oxford: Oxford University Press, 1987.

10 Der Begriff vom »neuen Mann« reflektiert diese veränderte Einstellung.

11 Babiker, G. und L. Arnold, a.a.O.

12 Vgl. z. B. das Video »Coffee Coloured Children«, das die Erfahrungen zweier schwarzer Kinder mit ihrer weißen Mutter schildert.

13 Vgl. Pattinson, E.M. und J. Kahan: »The Deliberate Self-Harm Syndrome«, in: American Journal of Psychiatry, 140 (1983), Seite 867–872.

14 Hawton, K, J. Fagg und S. Simkin: »Deliberate Self-Poisoning and Self-Injury in Children and Adolescents under 16 Years of Age in Oxford 1976-1993«, in: British Journal of Psychiatry, 169 (1996), Seite 202–208.

15 van der Kolk, B.A.: »Complexity of Adaptation to Trauma«, in: ders., A.C. McFarlane und L. Weisaeth (Hgg.): Traumatic Stress: The Effects of Overwhelming Experience on Mind, Body and Society. New York: Guildford Press, 1996.

16 Burstow, B., a.a.O.

17 Simpson, C. A. und G. L. Porter: »Self Mutilation in Children and Adolescents«, in: Bulletin of the Menninger Clinic, 45 (1981), Seite 428–438.

18 van der Kolk, B.A., C. Perry und J. Herman: »Childhood Origins of Self-Destructive Behavior«, in: American Journal of Psychiatry, 148 (1991), Seite 1665–1671.

19 van der Kolk, B.A., A.C. McFarlane und L. Weisaeht (Hgg.), a.a.O.

Kapitel 2: Ursachen und Gründe

1 Vgl. dazu DSM III Diagnostic and Statistical Manual of Mental Disorders (Diagnosehandbuch der American Psychiatric Association), Washington D.C., 1987, Seite 305.
2 Herman, J.L.: Die Narben der Gewalt. Traumatische Erfahrungen verstehen und überwinden. München: Kindler, 1994, Seite 172.
3 Stone, M.H.: »A Psychodynamic Approach«, in: Journal of Personality Disorders, 1 (1987), Seite 347–349.
4 Herman, J., a.a.O.
5 Linehan, M.: Cognitive Behavioural Treatment of Borderline Personality Disorder, New York: Guildford Press, 1993.
6 Vgl. besonders van der Kolk, B.A., A.C. McFarlane und L. Weisaeth, (Hgg.), a.a.O.
7 Burstow, B., a.a.O., Seite 195.
8 Herman, J., a.a.O.
9 Peled, E., P. Jaffee und J. Edleson (Hgg.): Ending the Cycle of Violence, London: Sage, 1995.
10 Babiker, G. und L. Arnold, a.a.O.
11 Miller, D.: Women who Hurt Themselves: A Book of Hope and Understanding. New York: Basic Books, 1994.

Kapitel 3: So finden Sie medizinische Hilfe

1 Pembroke, L: »Surviving Psychiatry«, in: Nursing Times, 87, Nr. 49 (1991), Seite 30–32.
2 Babiker, G. und L. Arnold, a.a.O.
3 ebenda
4 Dawson, D.: »Treatment of the Borderline Patient, Relationship Management«, in: Canadian Journal of Psychiatry, 33 (1988), Seite 370–374.
5 Zum Weiterlesen:
Brill, Karl-Ernst: Psychisch Kranke im Recht. Ein Wegweiser. Bonn: Psychiatrie-Verlag, 1998.
6 Moffaert, M.: »Self-Mutilation: Diagnosis and Practical Treatment«, in: International Journal of Psychiatry in Medicine, 20, Nr. 4 (1990), Seite 373–382.

Kapitel 4: Behandlungsformen

1 Pembroke, L. (Hg.): Self-Harm: Perspectives from Personal Experience, London: Survivors Speak Out, 1994, Seite 35.
2 ebenda (aus der Widmung).
3 Hills, Gina (ohne Titel), in: Nursing Times, 83, Nr. 18, (6. 5. 1990)
4 Mental Health Foundation: Knowing Our Own Minds: A survey of how people in emotional distress take control of their lives, 1997.
5 ebenda
6 Babiker, G. und L. Arnold, a.a.O.

[7] ebenda, Seite 127.
[8] ebenda, Seite 129.
[9] ebenda, Seite 133–134.
[10] Webster, M: »Emotional Abuse in Therapy«, in: A.N.Z. Journal of Family Therapy, 12, Nr. 3 (1991), Seite 137–145.
[11] Truax, Ch.B. und R. Carkhuff: Towards Effective Counselling and Psychotherapy, Chicago: Aldine de Gruyter, 1967.
[12] Fernando, S. (Hg.): Mental Health in a Multi Ethnic Society, London: Routledge, 1995.

Kapitel 5: Selbsthilfe

[1] Pelikan, C., Sprecher auf der ersten Landeskonferenz, September 1989.
[2] Auch Dee hat diese Erfahrung gemacht.

Kapitel 6: Verhaltensmuster durchbrechen

[1] Vgl. zum Beispiel Azar, B: »The body can become addicted to self injury«, 1995, veröffentlicht im Internet (unter www.apa.org/monitor/dec95/selfhurt.html), oder van der Kolk, B.A.: »The Body Keeps the Score: Memory and the Evolving Psychobiology of Post-Traumatic Stress«, in: Harvard Review of Psychiatry, 1, Nr. 5 (1995), Seite 253–265.
[2] Linehan, M., a.a.O.
[3] Miller, D., a.a.O.
[4] Vgl. http://palace.net/~llama/psych/kharre.html

Kapitel 7: Familie und Freunde

[1] Brooking, J. und E. Minghella: »Parasuicide«, in: Nursing Times, 83, Nr. 21 (27. 5. 1987).
[2] Miller, D.: a.a.O.
[3] Graff, H. und R. Mallin: »The Syndrome of the Wristcutter«, zitiert nach Gardiner, A.K. und A.J. Gardiner, in: British Journal of Psychiatry, 127 (1967), Seite 127–132.
[4] Brown, G.W. und T. Harris: Social Origins of Depression, London: Tavistock, 1978; Brown, G.W., B. Andrews, T. Harris, J. Adler und L. Bridge: »Social Support, Self Esteem and Depression«, in: Psychological Medicine, 16 (1986), Seite 813–831.
[5] zitiert in einem Artikel von Maggie Ross mit dem Titel »Shocking Habit«.
[6] Das Messageboard finden Sie unter llama/psych/intro.html

Weiterführende Lektüre:
Deutschsprachige Literatur zum Thema

Eckhardt, Annegret: Im Krieg mit dem eigenen Körper. Über selbstverletzendes Verhalten. Reinbek b. Hamburg: Rowohlt 1995 (vergriffen).

Rohmann, Ulrich H./ Elbing, Ulrich: Selbstverletzendes Verhalten. Überlegungen, Fragen, Antworten. Dortmund: Verlag modernes lernen 1998.

Sachsse, Ulrich: Selbstverletzendes Verhalten. Psychodynamik – Psychotherapie. Das Trauma, die Dissoziation und ihre Behandlung. Göttingen: Vandenhoeck & Ruprecht, 4. überarb. Aufl. 1997.

Teuber, Kristin: Ich blute, also bin ich. Selbstverletzung der Haut von Mädchen und jungen Frauen. Pfaffenweiler: Centaurus 1998.

Kostenlose Info-Blätter zum deutschen Psychotherapeutengesetz gibt es bei mehreren Krankenkassen (z. B. AOK, DAK, Techniker-Krankenkasse). Der Berufsverband Deutscher Psychologinnen und Psychologen (BDP), Heilsbachstr. 22–24, 53123 Bonn, verschickt die Broschüre »Ein Wegweiser zur Psychotherapie«; Standard-Rückumschlag (lang) mit 2,20 DM Porto beilegen.

Hilfreiche Adressen und Anlaufstellen

zusammengestellt von Wilfried Schneider (Adressen für Deutschland) und Therese Graf (Österreich und Schweiz).
Zum Thema »Wo finde ich Hilfe« lesen Sie bitte auch die Erklärungen in Kapitel 3 und 4 sowie zum Thema »Informationen und Kontakte im Internet« die Angaben im 5. Kapitel.

Deutschland
Klinik Schwedenstein für Psychosomatische Medizin
Oberärztin Dr. med. K. Sturz, Dipl.-Med. C. Eckhardt
Obersteinaer Weg
01896 Pulsnitz
Tel. 035955/47-0, Fax 47-635

Come In
Fachklinik und therapeutische Gemeinschaft für drogenkranke Kinder und Jugendliche
Moorfleeterdeich 341
22113 Hamburg
Tel. 040/7374368, Fax 7374201

Klinikum Nord Ochsenzoll
Frau Dr. med. H. Neubauer
Langenhorner Chaussee 560
22419 Hamburg
Tel. 040/52071-2625 oder -2763, Fax 52071-1608

Curtius-Klinik
Ltd. Chefarzt Dr. Eberhard Wilke
Neue Kampstr. 2
23714 Malente Gremsmühlen
Tel. 04523/407-0, Fax 407-230

Kliniken am Burggraben – Klinik Flachsheide
Fachbereich Psychosomatik und Psychotherapie
Dr. med. Elisabeth Schmitt
Forsthausweg 1
32105 Bad Salzuflen
Tel. 05222/398-812, Fax 398- 888

E. Johannes-Krankenhaus
Klinik für Psychosomatik und Psychotherapie Bielefeld
Frau Dr. Reddemann
Graf von Galen Str. 58
33619 Bielefeld
Tel. 0521/801-1531, Fax 801-1530

Wicker-Klinik
Psychosomatik
CA Frau Dr. Ingrid Olbricht
Fürst-Friedrich Str. 2–4
34537 Bad Wildungen
Tel. 05621/792-237, Fax 792-690

Burg-Klinik
Prof. Dr. med. R. Plassmann
Burgstr. 19
36457 Stadtlengsfeld
Tel. 036965/685 73, Fax 688 87

Niedersächsisches Landeskrankenhaus Göttingen
Funktionsbereich Psychotherapie
Prof. Dr. med. Ulrich Sachsse
Rosdorfer Weg 70
37081 Göttingen
Tel. 0551/402-1010, Fax 402-2092

Sanatorium Dr. Barner
Dr. med. Werner Helms
Dr.-Barner-Str. 1
38700 Braunlage
Tel. 05520/8040, Fax 3032

Jacleane – Therapiezentrum für süchtige Frauen
Dr. Brigitte Weidekamm
Am Hüschebrink 17
37632 Eschershausen
Tel. 05534/551, Fax 1859

Rheinische Kliniken Viersen
Fachklinik für Psychiatrie
Abt. Suchtkrankheiten / Psychotherapie
Dr. Seel-Wicke
Johannisstr. 70
41712 Viersen
Tel. 02162/96-4446, Fax 96-4470

Gelderland-Klinik
Fachklinik für Psychotherapie und Psychosomatische Medizin
Herr Dr. med. G. H. Paar
Clemensstr.
47608 Geldern 1
Tel. 02831/137-300, Fax 137-302

Klinik für Psychiatrie und Psychotherapie
Universitätsklinikum RWTH Aachen
Frau Dr. med. Sabine Herpertz
Pauwelsstr. 30
52074 Aachen
Tel. 0241/8089639, Fax 8888401

Ehrenwall'sche Klinik
Dr. S. Smolenski
Walporzheimer Str. 2
53474 Bad Neuenahr-Ahrweiler
Tel. 02641/3860, Fax 37166

Universitätsklinik für Psychosomatische Medizin und Psychotherapie
Frau Dr. med. Annegret Eckhardt
Untere Zahlbacher Str. 8
55131 Mainz
Tel. 06131/172 999, Fax 175 563

Klinik Hohe Mark (DGD)
Abt. Psychotherapie
Dr. Martin Grabe
Friedländerstr. 2
61440 Oberursel
Tel. 06171/204-0, Fax 204-8000

Fachklinik am Hardberg
Systemisch-hypnotherapeutische Psychosomatik
Psychotherapie und Abhängigkeitserkrankungen
M. Best
69483 Wald-Michelbach
Tel. 06207/604-0, Fax 604-604

Fachklinik Eußerthal
Schwerpunkt Reha
Dipl.-Psych. Hans Wünschel
76857 Eußerthal/Pfalz
Tel. 06345/20156, Fax 20-215

Klinik für Psychiatrie und Psychotherapie der Universität Freiburg
Dr. Ulrich Frommberger
Ambulanz für Psychotraumatologie
Tel. 0761/270-6600

Dr. Martin Bohus
Dialektisch-behaviorale Psychotherapie
Borderline-Störungen
Hauptstr. 5
79104 Freiburg
Tel. 0761/270-6822, Fax 0761/270-6523 oder -6619

Psychosomatische Klinik Windach
Dr. M. Zaudig
Schützenstr. 16
86949 Windach/Ammersee
Tel. 08193/72-0, Fax 72-809

Klinikum Nürnberg – Klinik für Psychosomatik und Psychotherapeutische Medizin
Dr. med. Jochen Peichl
Prof.-Ernst-Nahten-Str. 1
90340 Nürnberg
Tel. 0911/398-2839, Fax 398-2861

Österreich
HPE Österreich
Hilfe für Angehörige psychisch Erkrankter
Bernhardgasse 36/4/14
1070 Wien
Tel. 0222/526 42 02

Fonds Gesundes Österreich
SIGIS – Service- und Informationsstelle für Gesundheitsinitiativen u. Selbsthilfegruppen
Laxenburger Straße 36
1100 Wien
Tel. 0222/711 72/4367 DW
Fax 0222/711 72/4398 DW

Schweiz
Ärztliche Direktion
Psychiatrische Poliklinik
UniversitätsSpital
Culmannstr. 8
8091 Zürich
Tel. 01/255 52 80
Fax 01/255 44 08

Poliklinik am Zeltweg
Psychiatrisch-Psychologischer Dienst
Sozialdepartement der Stadt Zürich
Chefärztin Dr. med. S. Hediger
Zeltweg 27
8032 Zürich
Tel. 01/ 265 30 40
Fax 01/ 265 30 59

Psychiatrische Poliklinik Inselspital
Anlaufstelle für suizidale und selbstverletzende Patienten
Murtenstraße 21
3010 Bern
Tel. 031/632 88 11, Fax 6328898

Schweizer Psychotherapeuten Verband SPV
Kostenlose Vermittlung von Psychotherapieplätzen
Weinbergstr. 31
8006 Zürich
Tel. 01/266 64 01
Fax 01/262 29 96

Schweizerische Stiftung Pro Mente Sana
Rotbuchstr. 31
Postfach
8042 Zürich
Beratungstelefon (psychosoziale und juristische Beratung):
Tel. 0848 800 858

Arbeitsgemeinschaft KOSCH
Koordination der Selbsthilfegruppenförderung in der Schweiz
c/o Selbsthilfezentrum Hinterhuus
Feldbergstr. 55
4057 Basel
Tel. 061/ 692 81 00
Fax 061/ 692 81 77
E-Mail: hinterhuus@selbsthilfegruppen-bs.ch

Equilibrium
Verein zur Bewältigung von Depressionen
Neugasse 4
Postfach 4819
6304 Zug
Tel. 041/728 71 69

VASK Schweiz
Vereinigung der Angehörigen von Schizophrenie-/Psychisch-Kranken
Postfach 2321, 8031 Zürich
8000 Zürich
Tel./Fax 01/271 04 06
Kontakt-Telefon 01/271 04 05
E-Mail: vask@bluewin.ch
Homepage: www.sonet.ch/vask

2 3 4 5 04 03 02 01

Postfach 800669, 70506 Stuttgart, Tel. 07 11-78 80 30
Ein Unternehmen der Dornier Medienholding GmbH
http://www.kreuzverlag.de
Umschlaggestaltung: Atelier Reichert
Umschlagbild: © MAURITIUS-Age
Satz, Druck und Bindung: Röck, Weinsberg
ISBN 3 7831 1967 7

Die Schreibweise entspricht den Regeln der neuen Rechtschreibung.